超簡単なので自炊やってみた。

自炊研究会編

だからはじめてでも大丈夫!!

自炊したいけど料理は作ったことがない、
ハードルが高そうで、きっかけがつかめない……
そんな人たちに向けて、とにかく簡単で作りやすく、
自炊が楽しくなるようにこの本を作りました。

この本のレシピの3つのメリット

少ない材料だから作りやすいレシピ

主材料は1〜3種類、基本の調味料だけで作れます。だから自炊ビギナーでも安心。

時短でシンプル簡単レシピ

材料を切る、調理する、味つけする、のどれをとっても簡単、難しい切り方や調理法は一切ありません。

狭いキッチンでも作れるレシピ

使う材料、調味料はなるべく少なく、道具もフライパンや鍋ひとつで作れるレシピを集めました。

最初は欲張らずに、食べたい料理や簡単な料理の1品からスタート。
あとは総菜やレトルトなどの市販品を活用すれば充分。
無理してあれもこれもとイチからはじめなくてもOKです。
まずは「1食1品から作ってみる」というように、できることからTRY！

> 自炊はめんどうくさくない！
> この本で8つの自炊の「壁」をクリアできます

毎日、コンビニご飯も飽きてきた。そろそろ自分で作ろうかな。

なんだか最近、肌の調子が悪い。これって外食ばかりのせい？

でも、いざ自炊をはじめようと思ったら、
道具、技術、時間などのいろんな「?」が自炊を阻む壁となって登場します。
この本でこれらの壁をひとつひとつクリアできれば、自炊生活が楽しくなります。

1. 道具のKABE

 悩み

 解決！

- 何センチのフライパンを買うべき？ ┄┄→ ● 直径24〜26cmの大きさで、ふたがあればOK ➡ p.10
- 道具は何を揃えたらいいの？ ┄┄→ ● 最低限揃えたい、使いやすい道具を紹介します。 ➡ p.10

2. 技術のKABE

 悩み

 解決！

- 鶏肉って皮がすべって超切りにくい ┄┄→ ● 皮を下にして押さえるように切るのがコツ ➡ p.35
- え〜、ねぎのみじん切りってどうやるの？ ┄┄→ ● ご心配なく。野菜の基本切りのページでやさしく紹介 ➡ p.133

悩み

3. 知識のKABE

解決！

- 冷蔵庫のキャベツ、いつも余っちゃう ┄┄┄▶ ● 大丈夫。キャベツだけレシピを作ってみて ➡ p.60
- きのこの石づきってなに？ ┄┄┄▶ ● 軸のかたい部分のこと。食べられないのでカット ➡ p.131

悩み

4. 料理本のKABE

解決！

- はかりがないので、細かい分量は無理 ┄┄┄▶ ● 自分の目ではかる方法があります ➡ p.14
- 何でこんなに使う調味料が多いの？ ┄┄┄▶ ● 1種類の調味料でできるレシピを紹介 ➡ p.19

悩み

5. 買い物のKABE

解決！

- 何を買うか迷って、スーパーでウロウロ。オレってまぐろ？ ┄┄┄▶ ● カテゴリー別にメモるのがおすすめ ➡ p.121
- 野菜、どれを選べばいいの？ ┄┄┄▶ ● 野菜の目利きになるポイントがあります ➡ p.136

PUUUNCH!!

悩み

6. 時間のKABE

解決！

- 残業でへとへと
とにかく、すぐ食べたい
→ ● 切ってのせるだけの、
ご飯やうどんがおすすめ ➡ p.96

- 友達から急な家飲みメールが。
5分でできるおつまみ、あるかな？
→ ● おまかせを。
イケてるおつまみ紹介します ➡ p.66

 悩み

7. ワンパターンのKABE

 解決！

- 野菜食べなきゃ、
でもいつもサラダばかり
→ ● いろんな野菜の一掃レシピ
教えます ➡ p.82

- カップめんやコンビニ総菜。
いつもこれでは、飽きてきた
→ ● コンビニ総菜のおいしい
リメイク法があります ➡ p.112

 悩み

8. 狭さのKABE

 解決！

- コンロは1つ、シンクは超狭。
まな板、どこに置こう
→ ● シンクの上に
まな板を置く工夫を ➡ p.128

- とにかく洗いものが少ない
料理が希望、です
→ ● やっぱり
レンチンおかずでしょ ➡ p.52

でも、8つのKABEをすべて乗り越えられなくてもOK！
とにかく、自炊をやってみよう！

CONTENTS

- だからはじめてでも大丈夫!! … 2
- この本の効果的な見方・読み方 … 9
- まずは揃えたい調理道具 … 10
- 材料をはかる! … 12
- 加減を制する者は料理を制す! … 16

PART 1 人気のひと皿おかず

炒める
- 豚肉とキャベツのあっという間のポン酢しょうゆ炒め … 18
- 豚肉としめじのふわふわマヨ卵炒め … 20
- レタスのパラリンそぼろケチャップソース炒め … 22
- 鶏肉ともやしのシャキシャキ塩炒め … 23
- 豚こまとトマトのやみつきスタミナ炒め … 24
- こっくり豚キャベみそ炒め … 26

焼く
- 豚こま切れのビッグなみそしょうが焼き … 28
- 鶏肉のBBQソースっぽいソテー … 30
- ご飯が進む豚肉のテリテリ照り焼き … 32
- カリッとチキンソテーのきのこソース … 34

煮る
- とろみが絶妙 ご飯が呼んでるそぼろ肉豆腐 … 36
- ロール状のくるくる豚と大根の甘じょうゆ煮 … 38
- 豚肉と白菜のだんだん重ね蒸しトマポン酢 … 40
- 鶏肉とキャベツのすっきりポトフ風スープ煮 … 42
- 豚肉のコクがうまし中華風肉豆腐 … 43

蒸す
- さけともやしの蒸しもの マヨめんつゆかけ … 44
- 鶏肉とじゃがいものグラタン風レンチンマヨ蒸し … 46

- キーマ風カレーを極める … 48
- 残ったカレーをアレンジ
  - 油揚げとなめこのカレーうどん … 50

PART 2 レンチンすぐできレシピ

メインおかず
- なんちゃってレンチン肉野菜炒め … 52
- ふわとろ鶏肉と卵の親子煮 … 53
- 見た目も味も本格的なシューマイ … 54
- バターが香るさけときのこのレンチン蒸し … 55

雑炊・リゾット
- おなかが鳴ったらハムとブロッコリーのクリームリゾット … 56
- さば缶と梅干しのあっという間の雑炊 … 57
- ツナのトマトスープかけご飯 … 57

ボリュームスープ
- あさりとアスパラのマイルドクリームスープ … 58
- もやしとレタスのベーコン入り中華スープ … 59

1つの野菜でスープ&あえもの、サラダ
- ● キャベツだけ
  - 中華風スープ／ポトフ風スープ … 60
  - じゃこのガーリックあえ／ナポリタンあえ … 61
- ● じゃがいもだけ
  - 粗つぶしポタージュ／コンソメポテト … 62
- ● 青菜だけ
  - 小松菜のピリ辛スープ／ほうれん草のレンジおひたし … 63
- ● ブロッコリーだけ
  - クリームスープ／じゃこマヨあえ … 64

PART 3 イケてる小さなおかずつまみ

冷ややっこアレンジ
- 明太子とおろしにんじんのせやっこ …… 66
- 納豆、揚げ玉やっこ …… 66
- Wねぎ油のくずしやっこ …… 66
- じゃこにらだれやっこ …… 66

卵卵(ランラン)つまみ
- キムチ卵黄 …… 68
- トマトと卵の炒めもの …… 68
- ソーセージエッグ …… 68
- ドレスアップゆで卵 …… 68

ベジつまみ1
- なすのレモンマリネ …… 70
- 大根のみそチーズサンド …… 70
- 小松菜の梅のりあえ …… 70
- ピーマンと塩昆布のさっとあえ …… 70

ベジつまみ2
- いんげんのオイルゆで …… 72
- きゅうりのヨーグルトあえ …… 72
- 焼きアスパラのレモン炒め …… 72
- かぶのおろししょうがナムル …… 72

居酒屋風つまみ1
- 豚しゃぶのしょうがみそあえ …… 74
- ししゃもの塩昆布マヨネーズ …… 74
- まぐろの柚子こしょう漬け …… 74
- こんにゃくのキムチ炒め …… 74

居酒屋風つまみ2
- 厚揚げのしょうがじょうゆ炒め …… 76
- 油揚げときゅうりのごま酢あえ …… 76
- さばのみそ煮のクリームチーズあえ …… 76
- 納豆のお焼き …… 76

ビストロ風つまみ1
- あさりとセロリの白ワイン蒸し …… 78
- まいたけのレモンマスタードあえ …… 78
- アボカドツナディップ …… 78
- オレンジ風味のキャロットラペ …… 78

ビストロ風つまみ2
- チーズせんべい …… 80
- 焼きバナナの赤ワイン風味 …… 80
- ソーセージのカレーガーリック焼き …… 80
- カマンベールの生ハム巻き …… 80

週末のちょい残り野菜一掃レシピ

野菜おかず
- ひとりピリ辛キムチ鍋 …… 82
- 相撲部屋にも負けない鶏塩ちゃんこ鍋 …… 83
- いちばん簡単なレンジ蒸し野菜 …… 84
- テクニック不要のオープンオムレツ …… 85
- おフランスの香りのラタトゥイユ …… 86

ちょこっと漬けもの
- きゅうりと塩昆布の浅漬け／キャベツの浅漬け／
大根の甘酢漬け／にんじんのしょうゆ漬け …… 87

具だくさんのおかず汁
- 元気な赤い色のミネストローネ …… 88
- ゴロゴロ野菜の豚汁 …… 88
- サンラータン風ちょいすっぱ辛い中華スープ …… 89

卵があれば

スペシャル卵かけご飯
- おかかバターの卵かけご飯 …… 90
- 納豆チーズの卵かけご飯 …… 91
- さけフレークときゅうりの卵かけご飯 …… 91
- なめたけねぎラー油の卵かけご飯 …… 91

自由自在のゆで卵 …… 92

好みのたれで味つけ卵 …… 93
- めんつゆ漬け卵／塩水漬け卵／
酢じょうゆ漬け卵／焼き肉のたれ漬け卵

気分で選ぶ目玉焼き …… 94

PART 4 丼ご飯とツルツルめん

のっけご飯
- キムトマ丼 …… 96
- 梅肉豆腐丼 …… 96
- 刺身パックの海鮮丼 …… 97
- ツナレタス丼 …… 97

炒めるだけ丼
- 豚とミニトマトのカフェ風ご飯 …… 98
- ちくわとピーマン、玉ねぎのチャチャッと炒め丼 …… 99
- レンチンタラモご飯とろ卵のせ …… 100
- 韓国風ちょいぜいたくなプルコギ丼 …… 101

冷たいのっけ混ぜうどん
- 納豆温玉ぶっかけうどん …… 102
- さば缶おろしうどん …… 102
- キムチツナうどん …… 103
- かにかまとわかめのサラダうどん …… 103

温かいのっけうどん
- 簡単カルボナーラ風うどんde パスタ …… 104
- トマトと塩昆布のさわやかスープうどん …… 105
- のりの香りが食欲をそそる豚こまのりうどん …… 106
- 焼き油揚げとたっぷりねぎうどん …… 107

あえるだけ、煮るだけパスタ
- 明太クリーミーマヨのあえるだけパスタ …… 108
- カリカリベーコンとトマトのフライパンで煮パスタ …… 109

もみもみして作るドリンク&アイス

ドリンク
- ブルーベリーシェイク／キウイラッシー …… 110

アイス
- バナナのフローズンヨーグルト／
- りんごと紅茶のシャーベット …… 111

コンビニ、スーパーの人気総菜が あっという間に絶品になる!

サラダチキンで
- チキンといちごのさわやかヨーグルトサラダ …… 112
- アボカドチキンの魅せサラダ …… 112

鶏のから揚げで
- から揚げのさっぱりみぞれ鍋 …… 114
- から揚げのピリリと辛いキムチ炒め …… 114

ポテトサラダで
- ハッシュドポテト風 …… 116
- ポテサラのタルタル風 …… 116

ごぼうサラダで
- ごぼうのファイバーサンドイッチ …… 117
- ごぼうとポテトのチーズ炒め …… 117

ドレッシング使いきりメニュー

ごまドレッシングで
- 鶏肉と小松菜のごまドレ炒め …… 118
- 白菜のごまドレコールスローサラダ …… 118

フレンチドレッシングで
- レンジで作る人気のポテサラ …… 119
- きのこの炒めマリネ …… 119

料理以前の自炊基本のキ

- 自炊のための買い物テク …… 121
- 基本の調味料 …… 122
- 本当に使える便利食材 …… 124
- 狭いキッチンでの調理スペースの工夫 …… 128
- 自炊なんでもQ&A …… 130
- 料理の下ごしらえ …… 131
- 野菜の基本切り …… 132
- ピカッ、ツヤッのご飯を炊く …… 134
- 元気な野菜の選び方&保存法 …… 136

材料別　料理INDEX …… 141

この本の効果的な見方・読み方

この本にはレシピのおいしさを再現するためのいろんな工夫があります。
PART1を例に紹介します。

調理時間
下準備から仕上げまでにかかる時間の目安です。

道具：
フライパン　鍋　電子レンジ
など使用する道具のマークです。

材料表
- 計量の単位は1カップ200㎖、大さじ1は15㎖、小さじ1は5㎖です。材料の重量は目安です。
- 買い物の際、この材料表をスマホ等で撮影すれば、買い忘れが防げます。

レシピは基本的に1人分です。多めの1人分もありますが、多めのほうがおいしいものや作りやすい分量にするためです。また、通常皮をむく野菜は手順から皮むきを省いています。

見出しで手順の流れを説明
大きな流れを頭に入れておくと作業もスムーズに運びます。

自炊を簡単にするコツやヒントを、その料理に合わせて紹介しています。

おいしくなる理由
なぜ、こうするの？ がわかるポイントつき。

なんちゃって レンチン肉野菜炒め
野菜がシャキシャキで、まさに炒めたかのよう！
油も控えめでヘルシーといいことづくめ

調理時間 10分　加熱時間 4分 + 1分

電子レンジの加熱時間
加熱時間は出力600Wのものを基準にしています。500Wの場合は1.2倍で調整を。また、レンジの使用説明書をよく読んで、正しく使用しましょう。

火加減マーク
料理を作る最適な火加減をマークで説明。

 強火●分　 中火●分　 弱火●分

➡p.16火加減参照。
調理時間も表示しています。

> 自炊ビギナーのための

まずは揃えたい調理道具

狭いキッチンで自炊生活をスタートさせるため、まず揃えたい調理道具ガイドです。手入れがラクで使いやすい、を基準に選びました。

フライパン&ふた
焦げにくく手入れがラクなフッ素樹脂加工製で、直径24〜26cmの大きさがあれば、さまざまな料理に使える。また同じサイズのふたがあれば、煮ものや蒸しものといった調理も大丈夫。ふたは調理の途中が見られる耐熱ガラス製なら、ベター。

片手鍋
材質はステンレス製、アルミ製のどちらでもよいが、直径16〜18cmのふたつきが便利。やかん代わりに湯を沸かすのにも使える。

包丁
最初に購入するなら、肉、魚、野菜がOKで、刃の長さ(刃渡り)が18cmくらいの牛刀、または三徳包丁を。さびにくいステンレス製がおすすめ。

まな板
手入れがラクで衛生的な樹脂製が使いやすい。調理スペースに合ったサイズのものを。表裏を肉・魚用と野菜用で使い分けて。

計量スプーン
調味料を計量するスプーン。大さじ(15mℓ)と小さじ(5mℓ)の2本をセットで。

計量カップ
液体や粉類などをはかる容器で、1カップが200mℓ。透明で目盛りが読みやすいものを。

菜箸(さいばし)
調理や盛りつけに使う竹製の長い箸。長さ30cmくらいのものを目安に。上部の糸は切ると使いやすい。

フライ返し
菜箸で裏返すとくずれやすいものを扱うときに重宝する。フライパンを傷つけないフッ素樹脂加工製のものを。

お玉
汁ものや煮ものの盛りつけや、混ぜたりするときに。材質は金属製でも耐熱樹脂製でもOK。

木べら
材料を混ぜたり、炒めたりするときに。柄が長く、先が斜めになっているものなら鍋底の隅まで届く。

ボウル&ざる
ボウルは材料を洗う、混ぜる、あえるなどの下ごしらえに必須のアイテム。直径18cmほどの大きさで、材質はステンレス、耐熱ガラス製のどちらでもよい。ただし数を絞りたいなら、レンチンできる耐熱ガラス製がおすすめ。ざるはボウルに重ねられるように、柄つきのものが使いやすい。先端にボウルにかける突起がついていると便利。

電子レンジ
食材の加熱や解凍などに欠かせないのが電子レンジ。新しく買うならオーブン機能つきのタイプを選ぶと、料理のバリエがぐっと広がる。レンジに使える耐熱容器やラップも用意して。

余裕ができたら あると便利な道具

小さな泡立て器
合わせ調味料やドレッシングの材料を混ぜるときや、卵を溶いたりするときに。なめらかに混ぜられる。

ピーラー(皮むき器)
まだ包丁使いに慣れない人にもおすすめ。野菜の皮むき、根菜のスライスなどもピーラーにおまかせ。刃の横にじゃがいもの芽を取る突起がついているものが便利。

ゴムべら
先がシリコン樹脂製で耐熱のものを。材料を混ぜたり、鍋からソースをかき出したりするときに。

おろし金
しょうがや大根などをすりおろすときに。受け皿つきのものが使いやすい。

キッチンばさみ
封を切る以外にも、包丁で切りにくい食材を切ったり、葉野菜をざっくりと切ったりなどの下ごしらえに活躍。

トング
焼いている食材を返したり、菜箸でつかみづらいときはトングがスムーズ。先端がシリコン樹脂製のものを選んで。

> 自炊ビギナーのための

材料をはかる!

材料の分量をはかるのって、めんどうというあなた。
レシピの味を再現するためには、材料や調味料を正しくはかることが大切です。
計量カップ&スプーン以外にも、自分の目と手をはかりにして、重さの目安を知ることができます。
毎日の料理や買い物にすぐに役立つ「はかる」を紹介します。

1 計量スプーン&カップではかる（基本編）

計量スプーンではかる

粉類

大さじ（小さじ）1＝スプーンの柄ですりきる
スプーンに多めにすくい、もう1本のスプーンの柄などですりきる。

大さじ（小さじ）1/2＝すりきりを半分に
1杯をはかったあと、スプーンの柄を真ん中に入れ、向こう側の1/2量を取り除く。

液体

大さじ（小さじ）1＝これ以上入れたらこぼれるまで
しょうゆやサラダ油などの液体は、あふれるぎりぎりまで入れた状態。

大さじ（小さじ）1/2＝スプーンの2/3程度
しょうゆやサラダ油などの液体は、スプーンの高さの2/3程度まで入れた状態。少なめに入れがちなので注意。

計量カップではかる

目盛りを真横から見る
カップを平らなところに置き、真横から目盛りを見て正しい位置まで入れる。上から見たり、手に持ってはかるのはNG。

計量スプーンのかわりに

大さじ1

≒

ディナースプーン

小さじ1

≒

ティースプーン

2 手ではかる（簡単編）

つまむ

少々
=指2本でつまむ
塩や砂糖を親指と人差し指の2本でつまんだ量。小さじ約1/8に。

ひとつまみ
=指3本でつまむ
塩や砂糖を親指と人差し指、中指の3本でつまんだ量。小さじ約1/4に。

にぎる

スパゲッティひとにぎり
=80g
スパゲッティを束にしてにぎり、直径2cmくらいが約80g。

適量

ちょうどいい量、好みの量をさす。肉や魚などに粉をまぶすときの量や味みしておいしいと思う調味料の量をあらわすときに使う。

のせる

葉野菜
両手のひら一杯
=100g
キャベツや白菜などの刻んだ葉菜類は、両手のひら一杯で約100g。

根菜類
片手のひら一杯
=100g
にんじん、ごぼう、大根などの刻んだ根菜類は片手のひら一杯で約100g。

早く知ってればよかった

手の長さを使う

材料の大きさを切り揃えたり、だいたいの分量を知りたいとき、手の指をピンと広げてはかることができます。目安の長さは一般的なサイズです。自分の手で実際に確認してみましょう。

15～16cm
1cm
19～20cm
5～6cm
約10cm
17～18cm

3 目ではかる（もっと簡単編）

よく使う野菜の目ばかり

10g

 ミニトマト1個
 しょうが1かけ
 にんにく1かけ

50g

 ピーマン大1個
玉ねぎ1/4個
にんじん1/3本

100g

 きゅうり1本
 長ねぎ1本
 なす大1本
 キャベツ中3枚
 大根の輪切り3cm
 しめじ1パック

な〜るほど、便利

150g

 トマト1個
 じゃがいも1個
 にんじん1本

実物大

しょうが1かけ
親指の第1関節くらいが大きさの目安。約10g。

にんにく1かけ
ひと玉のにんにくからはずした1かけら。大きさは個体差があるが、約5～10gが目安。

実物大

覚えておくと便利な目ばかり

実物大

サラダ油小さじ1
フライパンに冷たい油を流して、直径約5cmまで広がる状態。

約5cm

バター10g
3×3×1cmが大きさの目安。バター大さじ1は12g。200gの1箱を縦半分にして8等分したひとかけは約12.5gでほぼ大さじ1。

サラダ油大さじ1
フライパンに冷たい油を流して、直径約8cmまで広がる状態。

約8cm

卵1個は約60g
里いもやかぶ、にんじんなどの野菜も、卵大の大きさならほぼ同じ重さ。

みそ汁1杯分のみそは梅干し大の15g
みそ汁1杯分のみその量は約15g。親指と人差し指を輪にした大きさくらいの梅干しとほぼ同じ。

魚の切り身1切れ約100g
ほぼ片手のひらにのる大きさの切り身なら、約100g。

レモン汁大さじ1/2は1/4個分
レモンによって果汁の含有量に幅がある。1/4個分を搾ると大さじ1/2～大さじ1弱に。

自炊ビギナーのための

加減を制する者は料理を制す!

レシピによく登場する水加減・火加減はレシピ通りに味を再現するためのチェックポイント。
料理をおいしく作るために、調理に応じた知っておきたい水加減・火加減です。

水加減

ひたひた
鍋に材料を平らに入れて汁を注いだときに、材料が顔を出すか、出さないかのすれすれの量。汁を煮詰めていく野菜などの煮ものの基本の汁の量。

かぶるくらい
鍋に材料を平らに入れて汁を注いだときに、材料が顔を出さずに、すっかり隠れる汁の量。じっくり煮る野菜などの煮ものの煮始めの量。

たっぷり
鍋に入れた材料がすっぽり隠れてしまう汁の量。素材や鍋の大きさにもよるが、汁の量が材料の4〜5cm上までが目安。野菜やめん類をゆでるときに適した量。

火加減

グラグラ　大きな泡が出て、中の材料が動くくらい

フツフツ　小さな泡が出て中の材料がゆるく動くくらい

コトコト　汁が静かに波打ち、中の材料はほとんど動かない

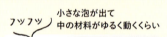

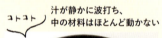

強火
鍋の底全体に勢いよく火が当たっている状態。でも鍋底から火がはみ出すのはガスのむだ使い。湯を沸かすときや炒めものをするときに。

中火
炎の先端が鍋底にちょうど当たるくらいが、中火。調理で最もよく使われる基本の火加減。特に断り書きのないときは中火にして。

弱火
炎の大きさは中火の半分以下。炎の先端が鍋底に当たらない程度。にんにくを炒めたり、じっくり煮たい煮ものなどに。

煮立つまでは強火が基本

料理のレシピに火加減が書いてないときは、基本の中火でOK。水や汁を煮立てるときは強火にかけ、煮立ったら、火を弱めて中火に。また、レシピに「ひと煮立ちさせ」とあるのは、煮汁を沸騰させ、ひと呼吸おいてから火を止めることです。

PART 1

少ない材料で作る

自信がつく！

人気の ひと皿おかず

自炊ビギナーは、主菜や副菜、汁ものなど、すべてを作る必要はありません。
まずは欲張らずメインのおかず1品からスタートしてみましょう。
あとは市販のご飯やインスタントみそ汁を添えればOK。
p.122〜127で紹介する基本の調味料、便利食材を中心に作るメインおかずをご紹介。
材料は1〜3品で、調理法もテクニックいらずの炒める、焼く、煮る、蒸すだけ。
はじめての自炊に自信がつく、よりすぐりのシンプルレシピです。

豚肉とキャベツの
あっという間の
ポン酢しょうゆ炒め

材料は2つ、調味料は1つの超シンプルレシピ。
こんなに簡単でいいの? と思えるほどのおいしさ

| 調理時間：**10**分 | 道具： |

炒める

材料 （1人分）

- ❶ 豚ばら薄切り肉
    …… 100g ➡ 3cm長さに切る
- ❷ キャベツ
    …… 中3枚（100g）
    ➡ ざく切り（p.132参照）

- ● ポン酢しょうゆ
    …… 大さじ1 1/2
- ● サラダ油 …… 大さじ1/2

味つけは
ポン酢しょうゆだけ！

ポン酢しょうゆは時間がないときの調味料としても、使い勝手がすこぶるよし。炒めものの油っぽさをおさえ、すっきりとした味わいの仕上がりを約束。

1
豚肉を炒める

フライパンにサラダ油を入れて中火で熱し、豚肉を加えて箸でほぐしながら炒める。

中火1〜2分

2
キャベツを
加えて炒める

豚肉の色が白っぽく変わってきたら、キャベツを加えて炒める。

> 完全に肉の色が変わったら炒めすぎで肉がかたくなる。白っぽく変わりはじめたらキャベツを投入

中火1〜2分

3
調味料を加える

ポン酢しょうゆを回しかけて火を強め、手早く炒め合わせる。

はじめての料理、オレって天才！

強火でさっと

豚肉としめじのマヨ卵炒め

ふわふわ

味つけの調味料は塩、こしょうのみ。
おいしさの秘密は卵に加えたマヨネーズ

| 調理時間：**10**分 | 道具： |

炒める

材料 (1人分)

1. 豚こま切れ肉 …… 100g
2. しめじ …… 1/2パック(50g)
   → 石づき(根元の硬い部分)を切ってほぐす(p.131参照)
3. 卵 …… 1個
   - マヨネーズ …… 大さじ1
   → 卵は溶いて、マヨネーズを加えて混ぜる

- 塩、こしょう …… 各少々
- サラダ油 …… 大さじ1

1 ふんわり卵を作って取り出す

フライパンにサラダ油の半量を入れて中火で熱し、溶き卵を一気に流し入れて、まわりから箸で大きく混ぜる。ふんわりしたらすぐに器に取り出す。

卵は火を通しすぎないのがポイント

中火20〜30秒

2 豚肉、しめじの順に加えて炒める

フライパンに残りの油を入れて中火で熱し、豚肉を加えて炒める。豚肉の色が白っぽく変わってきたら、しめじを加えて炒め、塩、こしょうをふる。

中火1分

3 ふんわり卵を戻し入れる

1の卵を戻し入れ、手早く炒め合わせる。

中火でさっと

"卵にマヨネーズ"の魔法

溶いた卵(卵液)にマヨネーズを溶き混ぜるだけで、ふわふわの仕上がりに。おまけにコクも出て時間がたっても、卵がかたくなりません。理由はマヨネーズを加えることで、加熱時にたんぱく質の結合がソフトになるため。

レタスのそぼろケチャップソース炒め
（パラリン）

残ったレタスで、いや残らなくても試してほしいおいしさ

調理時間：**15**分 ｜ 道具：🍳

材料（1人分）

① 合いびき肉 …… 150g
② レタス …… 1/4個 ➡ 芯を切り落とす
③ 玉ねぎ …… 1/4個（50g）
　➡ 縦3mm幅の薄切り（p.133参照）

● ケチャップソース ➡ 混ぜる
　中濃ソース …… 小さじ2
　トマトケチャップ …… 小さじ2
　塩、こしょう …… 各少々
● サラダ油 …… 小さじ1

1 ひき肉をパラパラになるまで炒め、玉ねぎを炒める

フライパンにサラダ油を入れ中火で熱し、ひき肉を加えてパラパラになるまで炒める。玉ねぎを加え、しんなりするまで炒める。

> ひき肉はしっかり炒めること。水分が残っていると臭みの原因に

中火4分

2 ソース、レタスを加えて炒める

ケチャップソースを加えて混ぜ、レタスをちぎりながら加えてさっと炒め合わせる。

> レタスは包丁の金気が嫌い。手で大胆にちぎって加えればよし

中火2分

鶏肉ともやしの塩炒め

シャキシャキ

もやしを使ってこんなにおいしくできるなんて！

調理時間：12分

材料 （1人分）

① 鶏もも肉 …… 1/2枚（120〜150g）
- 塩、こしょう …… 各少々
  → 8等分に切り、塩、こしょうをふる

② もやし …… 1袋（200g）

- 合わせ調味料 → 混ぜる
  - 酒 …… 大さじ1
  - 砂糖 …… 大さじ1/2
  - 塩 …… 小さじ1/4
- サラダ油 …… 大さじ1/2

1
鶏肉を炒め、もやしを加えて炒める

フライパンにサラダ油を入れ、鶏肉の皮目を下にして並べ、中火にかける。5分ほど焼いて皮目に焼き色がついたら裏返し、もやしを加えて3分炒める。

中火8分

脂の多い皮目から先に焼くことで、ジューシーな仕上がりに

2
合わせ調味料を加えて炒める

合わせ調味料を加え、汁けをとばしながら炒める。

中火1分

豚こまとトマトの スタミナ炒め

やみつき

トマトの赤が鮮やかで、見た目も食欲増進効果大。
トマトは汁けを出さないよう、さっと炒めるのが◎

調理時間：**10**分　道具：

炒める

材料 (1人分)

- ① 豚こま切れ肉 …… 100g
- ② トマト …… 1個 (150g)
  → へたを落とし、12等分のくし形切り (p.132参照)
- ③ 玉ねぎ …… 1/4個 (50g)
  → 横5mm幅の薄切り (p.133参照)

- 塩 …… 少々
- 片栗粉 …… 小さじ2
- 合わせ調味料 → 混ぜる
  - しょうゆ …… 小さじ2
  - 酒 …… 小さじ2
  - 砂糖 …… 小さじ1
  - おろしにんにく (チューブ) …… 3cm (小さじ1/4)
- サラダ油 …… 大さじ1/2

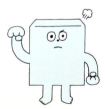

炒めたトマトの おいしさ発見

トマトは丸かじりやサラダに使うだけにあらず。炒めると甘酸っぱいソースになり、肉にからんでひと味アップ。水けが多いので、最後に加えてトマトのかどが取れるまで手早く炒めると、きれいな仕上がりに。

---

1 豚肉を炒め、塩、片栗粉をふる

フライパンにサラダ油を入れて中火で熱し、豚肉を加えて箸でほぐしながら炒める。塩をふって片栗粉をふり混ぜる。

> 肉に片栗粉をふると、ほのかなとろみがつく

中火2分

2 玉ねぎ、トマトの順に加える

玉ねぎを加えて炒め、油がなじんだらトマトを加える。

> 玉ねぎは繊維を断つ横薄切りにすれば、火通りも早い

 中火1分

3 合わせ調味料を加え、炒め合わせる

合わせ調味料を加える。トマトのかどが取れてが少しやわらかくなるまで、手早く炒め合わせる。

 中火1分

こっくり 豚キャベみそ炒め

おなじみ素材の豚肉とキャベツに
コクまろみそだれをからめたご飯に合うひと皿

| 調理時間：**12**分 | 道具：  |

炒める

材料 (1人分)

① 豚ばら薄切り肉 …… 100g
　→ 4cm長さに切る
② キャベツ …… 1/8個 (150g)
　→ 5cm角に切る
③ 長ねぎ …… 1/2本
　→ 1cm幅の小口切り (p.132参照)

● みそだれ → 混ぜる
　みそ …… 大さじ1
　酒 …… 大さじ1
　おろしにんにく (チューブ)
　　…… 3cm (小さじ1/4)
● サラダ油 …… 小さじ1

チューブのにんにく、しょうがは、こう使う

おろしにんにくとしょうがはチューブ入りだと簡単に使えて便利。合わせ調味料に溶き混ぜる場合は問題ないが、直接油の中に入れるとはねやすいので、油に混ぜてから火にかけるのがおすすめ。プチッとはねたら具材をすぐに入れること。

1 ねぎ、キャベツを炒めて一度取り出す

フライパンにサラダ油を入れて中火にかけ、ねぎを加えて炒める。油がなじんだらキャベツを加えてしんなりするまで炒め、いったん器に取り出す。

中火2分

> 野菜を取り出すと歯ごたえが残っておいしい

2 豚肉を加えて炒める

あいたフライパンに豚肉を加えて、火が通るまでさっと炒める。

中火1分

3 1の野菜を戻し入れ、みそだれを加える

1の野菜を戻し入れ、みそだれを加えて調味し、汁けをとばしながら炒める。

中火2分

豚こま切れの ビッグな みそしょうが焼き

人気のしょうが焼き、今日は濃厚みそだれでアレンジ。
がっつり肉を食べたいときのボリュームUPテクも必見！

| 調理時間：**15**分 | 道具： |

焼く

材料（1人分）

① 豚こま切れ肉 …… 200g
- 塩、こしょう …… 各少々
- 小麦粉 …… 適量

➡ 豚肉は6等分に分けて小判形にまとめ、塩、こしょうをふって小麦粉を薄くまぶす。

- みそだれ ➡ 混ぜる
  - みそ …… 大さじ1
  - 酒 …… 大さじ1
  - 砂糖 …… 大さじ1/2
  - おろししょうが（チューブ） …… 10cm（小さじ1）
- サラダ油 …… 小さじ2
- キャベツ（あれば）…… 1/8個（150g）

ぺらぺら肉もまとめてビッグに

たまには厚切り肉のしょうが焼きが食べたい男子も満足な簡単テク。こま切れ肉をハンバーグのように小判形に手でまとめるだけ。こま切れ肉なら切る必要もなし。あとは粉をまぶして焼くだけで食べごたえのあるしょうが焼きの完成。

1 粉をまぶした豚肉を並べて焼く

フライパンにサラダ油を入れて豚肉を並べ、中火にかける。片面をこんがりするまで焼く。

中火でこんがりするまで

2 ふたをして蒸し焼きにする

焼き色がついたら裏返し、ふたをして弱火で3分焼く。

弱火3分

3 みそだれを加え、煮からめる

みそだれを加えて中火にし、汁けを煮からめる。

> みそだれは焦げやすいので、強火は禁止

仕上げ：汁ごと器に盛り、あればちぎったキャベツを添える。

中火1分

鶏肉の BBQソースソテーっぽい

鶏肉を焼いただけなのに箸が止まらない。
甘めのBBQソース、覚えておいて損はなし

| 調理時間: **10**分 | 道具: 🍳 |

焼く

材料（1人分）

- ❶ 鶏むね肉 …… 1/2枚（200g）
  - 小麦粉 …… 少々
  - →ひと口大のそぎ切り（包丁をねかせて薄くそぐように切る）にし、小麦粉を薄くまぶす

- ソース ➡ 混ぜる
  - トマトケチャップ …… 大さじ1
  - 中濃ソース …… 大さじ1/2
  - しょうゆ、砂糖 …… 各小さじ1
- サラダ油 …… 大さじ1/2
- レタス（あれば）…… 大1枚

1 粉をまぶした鶏肉を焼く

フライパンにサラダ油を中火で熱し、鶏肉を入れて軽く焼き色がついたら裏返し、両面焼きつける。

> パサつきがちなむね肉に小麦粉をまぶして焼くと、うまみが閉じ込められ、ソフトに仕上がる

中火2分

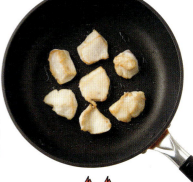

2 ふたをして蒸し焼きにする

ふたをして弱火で2分ほど蒸し焼きにする。

> ふたをして蒸し焼きにするから、鶏肉に早く、しっかり火が通る

弱火2分

3 ソースを加えてからめる

中火に戻し、ソースを加えて鶏肉にからめるように焼く。

> ソースは先に混ぜ混ぜしておくと、失敗なし

仕上げ：器に盛り、ちぎったレタスを添える。

中火30秒

余った鶏肉は酒をふって保存

パック入りの鶏肉は1人分だと、半分ほど残ってしまいがち。残った150〜200gの鶏肉をポリ袋に入れ、酒大さじ1をふって袋の上からもみもみ。冷蔵庫で保存すれば、2〜3日はおいしく料理に使えます。

ご飯が進む

豚肉の
テリテリ照り焼き

豚こまなら切る手間もなし、お値段も手ごろ。
男女問わず人気の甘じょっぱい味つけがうまい

| 調理時間: **10**分 | 道具: |

材料 （1人分）

① 豚こま切れ肉 …… 120g

- 合わせ調味料 ➡ 混ぜる
  - しょうゆ …… 大さじ1
  - 酒 …… 大さじ1/2
  - 砂糖 …… 小さじ1
- サラダ油 …… 大さじ1/2
- キャベツ …… 大1枚
  - ➡ 太めのせん切り（p.132参照）
- ミニトマト …… 2個

たれがしみた キャベツもウマい

焼く

1
豚肉を ほぐしながら 炒める

フライパンにサラダ油を入れて中火で熱し、豚肉を加えてほぐしながら炒める。

中火1〜2分

2
豚肉から出た 脂を拭き取る

豚肉の色が変わったら、ペーパータオルで余分な脂を拭き取る。

> 肉から出た余分な脂を拭き取ると、合わせ調味料がからみやすい

中火

3
合わせ調味料を 加え、 肉にからめる

合わせ調味料を回し入れ、フライパンをゆすりながら肉にからめて照りを出す。

仕上げ：器にキャベツを敷き、3を盛ってミニトマトを添える。

中火30秒

カリッと
チキンソテーの きのこソース

きのこに味つけして手軽なソースに。
きれいめに焼きつけた鶏肉にかけてフィニッシュ

| 調理時間：**15**分 | 道具： |

材料 (1人分)

① 鶏もも肉 …… 1/2枚（120～150g）
● 塩、こしょう …… 各少々
→ 4等分に切り、塩、こしょうをふる
② しめじ …… 1/2パック（50g）
→ 石づきを切って、ほぐす（p.131参照）

● 合わせ調味料 → 混ぜる
　酒 …… 大さじ2
　塩 …… 小さじ1/4
　おろしにんにく（チューブ）
　　…… 3cm（小さじ1/4）
● サラダ油 …… 小さじ1
● レタス（あれば）…… 1/4個

鶏肉は「切るときも炒めるときも」皮を下に

鶏肉はやわらかいため、包丁がすべりやすく、切りにくい。皮目を下に、肉をまな板にしっかり押さえつけて包丁の刃を引くように切ること。また脂の多い皮目から先に焼くことで、ジューシーな仕上がりに。

焼く

1 フライパンに鶏肉を並べる

フライパンにサラダ油を入れて鶏肉を皮を下にして並べ、中火にかける。皮目がこんがりするまで焼く。

中火でこんがりするまで

2 肉のまわりにしめじを加えて焼く

肉に焼き色がついたら裏返し、しめじを肉のまわりに加えて5分焼く。肉は焼けたら取り出して器に盛る。

> きのこは火が通りやすいので、鶏肉のまわりに置けば十分

 中火5分

3 しめじに合わせ調味料を加えて煮つめる

残ったしめじに合わせ調味料を加えて、汁けが少なくなるまで煮つめる。

仕上げ：器に盛った鶏肉にしめじのソースをかける。あれば、ちぎったレタスを添える。

 中火1分

ご飯が呼んでる

とろみが絶妙
そぼろ肉豆腐

豆腐は直にパックからすくって煮汁にIN。
とろみをつけた肉豆腐は冷めにくく、ご飯にかけてもいけます

| 調理時間:**15**分 | 道具: |

材料 (1人分)

1. 豚ひき肉 …… 100g
2. 木綿豆腐 …… 1/2丁 (200g)
3. 長ねぎ …… 1/2本 (50g)
   ➡ みじん切り (p.133参照)

- おろしにんにく (チューブ)
  …… 5cm (小さじ1/2弱)
- サラダ油 …… 小さじ1
- 煮汁 ➡ 合わせる
  水 …… 1カップ
  鶏がらスープの素 …… 小さじ1
  しょうゆ …… 小さじ2
  砂糖 …… 小さじ1
- 水溶き片栗粉 ➡ 混ぜる
  片栗粉 …… 小さじ2
  水 …… 大さじ1

料理のとろみづけに水溶き片栗粉

水溶き片栗粉を加えるときは、鍋の中の具材をできるだけ片側に寄せて、汁を集めた中に入れて混ぜるとダマになりにくい。慣れないうちは一度火を止めて加え、再び火をつけて煮立てて火を通すこと。

1 ひき肉をパラパラになるまで炒め、煮汁を加える

フライパンにサラダ油とにんにくを入れて混ぜ、中火にかける。にんにくの香りがたったら、ひき肉を加えてパラパラになるまで炒め、煮汁を注ぐ。

中火3分

2 豆腐、長ねぎを加える

豆腐をパックからスプーンでひと口大にすくって加え、長ねぎも加える。

> 豆腐はパックからすくって入れるだけなので、手間いらず

中火3分

3 ふたをして煮て、仕上げに水溶き片栗粉

ふたをして5分ほど煮て、よく混ぜた水溶き片栗粉を入れて混ぜ、ひと煮立ちさせてとろみをつける。

弱火5分

ロール状の

くるくる豚と大根の
甘じょうゆ煮

焼いたばら肉から出た脂は拭いてすっきり味に。
大根も薄いいちょう切りにすれば、味しみも早い

| 調理時間：**15**分 | 道具： |

材料（1人分）

① 豚ばら薄切り肉 …… 120g ➡1枚ずつ、端からロール状にしっかりと巻く
② 大根 …… 約3cm（100g）
　➡5〜6mm幅のいちょう切り（p.132参照）

- 煮汁➡合わせる
  - 水 …… 1/2カップ
  - 酒 …… 大さじ1/2
  - 砂糖 …… 大さじ1/2
  - しょうゆ …… 大さじ1
- サラダ油 …… 小さじ1

1 豚肉を転がしながら焼く

フライパンにサラダ油を入れて中火で熱し、豚肉の巻き終わりを下にして入れる。しっかり焼きつけてくっついたら、箸で転がしながら焼く。

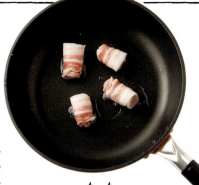

中火2分

2 豚肉から出た脂を拭き取る

豚肉にきれいな焼き色がついたら、ペーパータオルで余分な脂を拭き取る。

> 肉から出た余分な脂を拭き取ると、すっきりとした味に仕上がる

中火

3 大根と煮汁を加え、ふたをして煮る

大根と煮汁を順に加えてふたをし、弱めの中火で6分ほど煮る。

弱めの中火6分

肉の形を変えてボリュームアップ

豚薄切り肉を切って煮るだけだと、ボリュームもなくなんだか見た目も貧弱。1枚ずつ、端からロール状にしっかりと巻くだけで、おしゃれ度もグーンとアップするから不思議。ほんのひと手間かけるだけで魅せレシピに。

豚肉と白菜の
だんだん重ね蒸し

トマポン酢

野菜の水分と水だけで蒸し煮するから、超簡単。
ポン酢しょうゆにトマトを混ぜたたれが絶妙

| 調理時間：**15**分 | 道具： |

煮る

材料（1人分）

❶ 豚ばら薄切り肉 …… 100g
   ● 塩、こしょう …… 各少々
   ➡ 6〜7cm長さに切って塩、こしょうをふる
❷ 白菜 …… 大2〜3枚（200g）
   ➡ 横1cm幅に切る

● トマポン酢 ➡ 合わせる
   トマト …… 1/2個
      ➡ へたを取り、1cm角に切る
   ポン酢しょうゆ …… 大さじ3

肉と野菜の重ね煮は ジュワッとジューシー

豚肉と白菜を交互に段々に重ねて、水をふって蒸し煮するだけ。重ね煮は豚肉と野菜のうまみや、甘みを引き出すことができる調理法。白菜も火が通りやすいように細切りにすれば、あっという間に完成。ほかに豚肉とキャベツのコンビでもおいしい。

1
鍋に白菜、豚肉の順に2回重ねる

鍋に白菜の半量を敷き、豚肉の半量を広げて、さらに残りの白菜、豚肉の順にのせる。

2
水をかけ、ふたをして火にかける

水1/2カップを全体にかけ、ふたをして火にかける。

> ばら肉のうまみが白菜にしみしみするようにふたをしてGO！

中火で湯気が立つまで

3
約5分蒸し煮する

湯気が立ち始めたら弱火にし、5分蒸し煮にする。

仕上げ：器に盛り、トマポン酢のトマトをスプーンなどで軽くつぶしてかける。

肉のうまみが白菜にしみしみ〜

弱火5分

鶏肉とキャベツの すっきりポトフ風スープ煮

肉と野菜を煮るだけ。
手間いらずで満足感のある一品

調理時間:**20**分

材料（1人分）

① 鶏もも肉 …… 1/2枚（150g）
　➡ 大きめのひと口大（p.133参照）に切る
② キャベツ …… 大2枚（100g）
　➡ ざく切り（p.132参照）
③ にんじん …… 1/3本（50g）
　➡ 1.5cm厚さの半月切り（p.132参照）

● 煮汁
　水 …… 1 1/2カップ
　酒 …… 大さじ1/2
　コンソメスープの素 …… 小さじ1/4
　塩 …… 小さじ1/4
　こしょう …… 少々

1 鍋に鶏肉と野菜、水、酒を入れる

鍋に煮汁の水と酒、鶏肉、キャベツ、にんじんを入れて煮立つまで強火にかける。煮立ったら弱めの中火にして2〜3分煮る。

強火で煮立つまで　➡　弱めの中火 2〜3分

2 煮汁の調味料を加える

煮汁のコンソメスープの素、塩、こしょうを加えて、さらに弱めの中火で7〜8分ほど煮る。

> 煮ている間に、鶏肉と野菜のうまみがじわ〜っと煮汁に溶け出すよ

弱めの中火 7〜8分

豚肉のコクがうまし
中華風肉豆腐
しょうがの風味がきいたあっさり肉豆腐

調理時間 15分

材料 (1人分)

① 豚ばら薄切り肉 …… 100g
　➡ 3cm長さに切る
② 木綿豆腐 …… 1/2丁 (150g)
　➡ ペーパータオルに包んで水けをきり
　　(p.131参照)、6等分に切る
③ 長ねぎ …… 1/3本 ➡ 斜め薄切り (p.133参照)
④ しょうが …… 小1かけ ➡ 粗みじん切り (同上)

● 煮汁
　水 …… 2/3カップ (約130ml)
　酒 …… 大さじ1/2
　鶏がらスープの素 …… 小さじ1/2
● 塩、こしょう …… 各少々

1
鍋に煮汁を入れて煮立て、長ねぎと豚肉を加える

フライパンに煮汁の材料を入れ、中火にかける。煮立ったら長ねぎと豚肉を入れて1分ほど煮る。

> アク(白い泡)が浮いてきたら、お玉ですくうとすっきりした味に

 中火3分

2
豆腐、しょうがを加える

豚肉の色が変わったら豆腐、しょうがを加えて、弱めの中火で3分ほど煮る。塩、こしょうで味を調節する。

 弱めの中火3分

さけともやしの蒸しもの

肉ばかりで飽きてきた日のメニューがこれ。
コスパ素材のさけともやしでボリューミーなひと皿に

| 調理時間：**12**分 | 道具： |

蒸す

材料 (1人分)

1. もやし …… 1/2袋(100g)
2. 生さけの切り身 …… 1切れ
   - 塩、こしょう …… 各少々
   → 塩、こしょうをふる

- 酒 …… 大さじ2
- マヨめんつゆ → 混ぜる
  - マヨネーズ …… 大さじ2
  - めんつゆ(3倍濃縮) …… 大さじ1

1 フライパンにもやし、さけの順に入れ、酒をふる

フライパンにもやしを敷き、さけをのせ、酒をふって中火にかける。

🔥🔥 中火

2 ふたをして蒸し煮する

温まってきたらふたをして、さけに火が通るまで弱火で5〜6分蒸す。

> さけの身の厚みのある部分が白っぽくなれば火が通った証拠

🔥 弱火5〜6分

仕上げ：器に盛ってマヨめんつゆをかける。

めんつゆは常備したい活躍度大の調味料

だしにしょうゆ、酒、みりんなどが合わせてある市販の「めんつゆ」。調味料として常備しておくと煮もののベースにしたり、炒めものやあえものの調味など活躍度大。マヨネーズと混ぜるだけで、あっという間においしいたれができ上がる。

また作ろうっと！

鶏肉とじゃがいもの
レンチンマヨ蒸し
グラタン風

鶏肉とじゃがいもを並べたら、あとはレンジにおまかせ。
回しかけたマヨミルクで、ほぼほぼグラタンに

調理時間：**15**分 ｜ 道具：

蒸す

材料 (1人分)

❶ 鶏むね肉 …… 1/2枚(200g)
- 塩 …… 少々
- 酒 …… 大さじ1
- 片栗粉 …… 小さじ1/2
➡ ひと口大のそぎ切り(包丁をねかせて薄くそぐように切る)にし、塩をまぶし、酒と片栗粉をもみこむ

❷ じゃがいも …… 1個(150g)
➡ 6等分に切る

- マヨミルク ➡ 混ぜる
  - マヨネーズ …… 大さじ1
  - 牛乳 …… 大さじ2
  - 塩 …… 小さじ1/3
  - こしょう …… 少々

レンジ加熱は短めにセットして
レンジの加熱時間は機種や食品の状態によって秒単位で変わるが、加熱しすぎはパサついたり、かたくなったりの原因。やや短めの時間にセットして、様子を見ながら追加加熱するのがベター。

1 耐熱皿に鶏肉とじゃがいもを並べる

耐熱皿(p.55参照)に鶏肉とじゃがいもを交互に並べる。

2 マヨミルクを回しかける

よく混ぜ合わせたマヨミルクを回しかける。

> レンジ対応の器なら、洗いものも少ない

3 電子レンジで加熱する

ふんわりとラップをかけて電子レンジで4分加熱する。いったん取り出し、軽く混ぜてラップをふんわりかけて、さらに3分加熱する。

何度でも作りたくなる　やみつきカレー

キーマ風カレーを極める

隠し味のみそとトマトジュースで何杯もおかわりしたくなる味に！
短時間煮込むだけでできる、ベストオブカレー

| 調理時間: **25分** | 道具: |

> 男子が真っ先に作るのは、やっぱカレーでしょ

材料（2～3人分）

- 豚ひき肉 …… 150g
- 玉ねぎ …… 1個（200g）➡みじん切り
- にんじん …… 1/3本（50g）➡1cm角に切る
- しめじ …… 1/2パック（50g）➡石づきを切ってほぐす
- えのきたけ …… 50g ➡石づきを切って、1cm長さに切る
- じゃがいも …… 1/2個（80g）➡1cm角に切る
- にんにく …… 1かけ ➡みじん切り
- オリーブ油 …… 大さじ1
- みそ …… 大さじ2
- カレー粉 …… 大さじ1/2
- トマトジュース …… 1/2カップ
- 水 …… 2/3カップ
- カレールウ（市販）…… 20g

作り方

1 フライパンにオリーブ油を入れて中火で熱し、にんにく、玉ねぎを加えて炒め、玉ねぎが透き通るぐらいになったらひき肉、にんじんを加えて炒める。

2 肉と野菜に火が通ったら、カレー粉とみそを加えて1分ほど炒める。トマトジュースと水を加えて煮立ったら、しめじとえのきたけ、じゃがいもを加えてさらに5分ほど煮る。

> 隠し味にみそを加えることで、コクがアップ。トマトジュースでトマトの凝縮されたうまみと酸味もプラス

3 ここでいったん火を止め、包丁で小さく切り分けたカレールウを加えて溶かす。再び弱火にかけ、ひと煮立ちさせる。

> ルウは火を止めて少し温度を下げてから加えること。グツグツしているとルウが溶けきる前に、固まってしまう

中火4分 / 中火7～8分 / 弱火2分

油揚げとなめこの
カレーうどん

前ページのキーマ風カレーの残りでカレーうどん。
仕上げに加えるなめこで自然にとろみがつくのでおいしい！

残ったカレーをアレンジ
お店の味に負けない
カレーうどん

材料 (1人分)

- キーマ風カレー(p.48) …… お玉3杯分
- 冷凍うどん …… 1玉(180g)
- 油揚げ …… 1/2枚
- なめこ …… 1/2パック(50g)
- 長ねぎ …… 3cm ➡ 斜め薄切り

- 煮汁
  - めんつゆ(3倍濃縮) …… 1/4カップ
  - 水 …… 1 2/3カップ

作り方

1. 油揚げはフライパンでうっすら焦げ目がつくまで両面を焼き、端から5mm幅に切る。うどんは表示時間通りに電子レンジで加熱して解凍する。
2. 鍋に煮汁を入れて中火にかけ、沸騰直前にカレーを入れて軽く煮込んだら、なめこを加えてひと煮立ちさせる。
3. うどんを2の鍋に入れ、軽く混ぜて火を通し、器に盛る。油揚げと長ねぎをトッピングする。

PART 2

火を使わないからあっという間

お待たせしない

レンチン すぐできレシピ

電子レンジはご飯の温めや冷凍食品の解凍専用と思っていない？
1〜2人分をササッと作りたいときや、1品をプラスしたいときなど、
レンジは少量作りに威力を発揮します。
下ごしらえした材料と調味料を耐熱容器に入れてチンするだけ。
こんなに簡単でいいの、とびっくりするほどの手軽さ。
おまけに洗いものも少なくラクチンです。
野菜の切り方はp.132〜でチェックして。

電子レンジの加熱時間
加熱時間は出力600Wのものを基準にしています。500Wの場合は1.2倍で調整を。また、レンジの使用説明書をよく読んで、正しく使用しましょう。

なんちゃって レンチン肉野菜炒め

野菜がシャキシャキで、まさに炒めたかのよう！
油も控えめでヘルシーといいことづくめ

調理時間 **10**分 ｜ 加熱時間 **4**分 + **1**分

ラップはふんわりかける、がお約束

ラップは容器の直径の2倍ほどの長さに切り、ふんわりかけて。ぴったりかけると料理にくっついたり、ラップが破裂したりすることも。また、料理の水分をとばしたいときは、ラップをかけずに加熱します。

材料（1人分）

豚こま切れ肉 …… 100g
下味
　鶏がらスープの素 …… 小さじ1
　しょうゆ …… 小さじ1
キャベツ …… 2～3枚(100g)
もやし …… 1/2袋(100g)
にんじん …… 3cm
サラダ油 …… 小さじ2
塩、こしょう …… 各少々

作り方

1. キャベツは4cm角に切る。にんじんは3mm厚さの短冊切り（長方形に切ること）にする。
2. 耐熱容器に**1**ともやしを入れ、サラダ油、塩、こしょうを加えて混ぜる。
3. 豚肉に下味をからめて、野菜の上に広げてのせる。ふんわりとラップをして電子レンジで4分加熱する。
4. 肉の色が変わっていたら取り出して、全体を混ぜる。ラップなしで再度1分加熱して水分をとばす。

野菜にサラダ油をまぶすとうまみを閉じ込め、色も鮮やかになる。

豚肉はかたまりにならないように、できるだけ広げてのせて。

メインおかず

ふわとろ 鶏肉と卵の親子煮

電子レンジならわずか5分ほどで、ふわとろ煮が完成！
ご飯にのせて丼にしても、もちろんOK

調理時間: **10**分 ／ 加熱時間: **4**分 ＋ **1**分**30**秒

ターンテーブルタイプでは外側に

お皿が回るタイプの電子レンジは、特定の方向から電波が出ます。野菜の下ゆでなどは容器をドーナツ状に外側に置くと、加熱が均一に。また、最近多いフラットタイプのレンジでは、容器を庫内の中央に置けばOK。

材料（1人分）

- 鶏もも肉 …… 1/2枚（125g）
- 玉ねぎ …… 1/4個（50g）
- 片栗粉 …… 大さじ1/2
- 卵 …… 1個
- 煮汁 ➡ 混ぜる
  - 水 …… 1/2カップ
  - しょうゆ …… 大さじ1 1/2
  - 砂糖 …… 大さじ1/2
  - みりん …… 大さじ1/2
- のり（あれば）…… 少々

作り方

1. 鶏肉は2cm角に切って片栗粉をまぶす。玉ねぎは縦1cm幅に切る。
2. 耐熱容器に鶏肉と玉ねぎ、煮汁の材料を入れてふんわりとラップをし、電子レンジで4分加熱する。
3. 取り出してラップを一度はずし、肉に火が通っていれば、溶いた卵を流し入れて3回ほどやさしくかき混ぜる。再度ラップをして1分30秒加熱し、卵を半熟状に仕上げる。器に盛り、あれば、のりを刻んで散らす。

片栗粉をまぶした鶏肉と玉ねぎ、煮汁を入れ、ふんわりラップを。

卵はしっかり混ぜず、白身が残る程度に溶き混ぜて加える。

本格的なシューマイ

敷居が高いシューマイもこれならできる！
目からうろこの、簡単包み方テクもご紹介

調理時間：**15**分　加熱時間：**4**分

材料（1人分）

- 豚ひき肉 …… 100g
- 玉ねぎ …… 1/4個（50g）
- シューマイの皮 …… 8枚
- 調味料
  - マヨネーズ …… 小さじ2
  - しょうゆ、砂糖 …… 各小さじ1
- 片栗粉 …… 小さじ3
- レタス …… 1/8個

作り方

1. 玉ねぎは粗みじん切りにする。
2. ボウルにひき肉を入れて練り、調味料と片栗粉、**1**を入れてさらに練る。
3. シューマイの皮の中央に8等分した**2**の肉だねをのせて包む。
4. 耐熱皿にレタスをちぎって敷き、**3**をのせる。水大さじ2を全体にかけ、ふんわりとラップをして電子レンジで4分加熱する。

＊ 好みでしょうゆ、酢、溶き辛子などを添える。

包む簡単テク

葉ものを下に敷くと、皮がくっつかず、肉汁でしんなりして美味。キャベツや白菜でも。

皮の中央に肉だねをのせ、ティースプーンを真ん中に刺し、ひっくり返す。

皮をつぼめるように指で押さえて形を整えスプーンを引き抜く。

メインおかず

バターが香る
さけときのこのレンチン蒸し

きのこのうまみが移ったさけがふっくらジューシー。
材料を並べるだけ、油を使わず、ヘルシーな一皿

調理時間：**10**分　加熱時間：**6**分

洗いものが少なくてラクチン

材料 (1人分)

生さけの切り身 …… 1切れ	バター …… 10g
しめじ …… 1/2パック(50g)	酒 …… 大さじ1
長ねぎ …… 10cm	塩、こしょう …… 各少々

作り方

1. 長ねぎは1cm幅の斜め切りにする。しめじは石づきを切る。
2. 耐熱容器にしめじを粗くほぐしてのせ、ねぎをのせる。さけをのせて酒、塩、こしょうをふる。さらにバターをのせてふんわりとラップをし、電子レンジで6分加熱する。
* 好みでポン酢しょうゆやしょうゆをかけて食べる。

耐熱容器にさけやしめじを並べるだけ、と超シンプル。

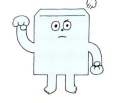

レンチンで使えない器を確認

電子レンジで使える器は耐熱容器や陶器や磁器など。使えない器はアルミやステンレスなどの金属容器、金銀の模様入りの器や漆器、木製容器やガラス製品など。よくレンジのトリセツを読んで確認しよう。

ハムとブロッコリーの**クリームリゾット**

冷蔵庫にある材料でササッとレンチン。
一度作るとくせになるマイルドなおいしさ

| 調理時間: **10**分 | 加熱時間: **2**分 **+** **2**分 |

材料（1人分）

- ご飯 …… 軽め1杯分（100g）
- ハム …… 2枚
- 玉ねぎ …… 1/8個
- ブロッコリー …… 1/8個（30〜40g）
- サラダ油 …… 大さじ1/2
- 牛乳 …… 1/2カップ
- コンソメスープの素 …… 小さじ1
- 粗びき黒こしょう（あれば）…… 少々

作り方

1. ハムは5mm幅に切る。玉ねぎはみじん切りに、ブロッコリーは小さく切る。
2. 耐熱容器に**1**とサラダ油を加えて混ぜる。牛乳を注ぎ、ふんわりとラップをして電子レンジで2分加熱する。
3. 取り出してご飯とコンソメスープの素を入れて混ぜ、ラップをせずに再度2分加熱してよく混ぜる。あれば仕上げにこしょうをふる。

雑炊・リゾット

さば缶と梅干しの
あっという間の雑炊

小腹がすいた！玄関あけたら、10分で夜食

| 調理時間 **10**分 | 加熱時間 **3**分 |

材料（1人分）
ご飯 …… 軽め1杯分(100g)
さば缶（水煮）…… 1/2缶(80g)
梅干し …… 1粒
細ねぎ（あれば・小口切り）…… 少々

作り方
1 耐熱容器にさば缶を缶汁ごと入れ、梅干しをちぎって加え、水2/3カップを注ぐ。
2 ご飯をざるに入れてたっぷりの水を注いでぬめりを洗い落とし、1の容器に入れてひと混ぜする。
3 ふんわりとラップをし、電子レンジで3分加熱し、取り出して混ぜる。あれば細ねぎをのせる。

ツナの
トマトスープかけご飯

相性のよいツナとトマスープの汁かけご飯

| 調理時間 **5**分 | 加熱時間 **3**分 |

材料（1人分）
温かいご飯 …… 軽め1杯分(100g)
ツナ缶 …… 小1/2缶(35g)
しめじ …… 1/2パック(50g)
トマトスープ
　トマトジュース（無塩）…… 1/2カップ
　コンソメスープの素 …… 小さじ1
粉チーズ …… 小さじ1

作り方
1 しめじは石づきを除く。
2 耐熱容器にしめじをほぐしながら加え、ツナとトマトスープの材料を加えてふんわりとラップをして電子レンジで3分加熱する。
3 ご飯を器に入れ、2を注ぎ、粉チーズをふる。

あさりとアスパラの^{マイルド}クリームスープ

あさりのだしが牛乳と溶け合う、
コクと甘みのやさしい味わいのスープ

調理時間：10分　加熱時間：3分＋2分

材料（1人分）

あさり（殻つき・砂抜きしたもの）…… 100g
グリーンアスパラガス …… 1本
玉ねぎ …… 1/4個（50g）

スープ
　牛乳 …… 1/2カップ
　コンソメスープの素 …… 小さじ1
こしょう …… 少々

作り方

1. あさりは殻をこすり合わせてよく洗う。アスパラは根元を落として（p.131参照）3cm長さに切る。玉ねぎは1.5cm幅のくし形に切る。
2. 耐熱容器に1の野菜を入れてあさりをのせ、水1/4カップを加えてふんわりとラップをし、電子レンジで3分、あさりの口が開くまで加熱する。
3. スープの材料を加えて再びふんわりとラップをし、再度2分、スープが温まるまで加熱する。こしょうで味をととのえる。

クリーミーなスープできちゃった

ボリュームスープ

もやしとレタスの中華スープ

ベーコンでうまみを添えた、
シャキシャキもやしとレタスの中華風

調理時間: **5**分　加熱時間: **3**分

材料 (1人分)

- ベーコン …… 1枚
- もやし …… 1/4袋(50g)
- レタス …… 1/8個
- スープ
  - 水 …… 2/3カップ
  - 鶏がらスープの素 …… 小さじ1
- ごま油 …… 小さじ1
- 白いりごま …… 小さじ1/4

作り方

1. ベーコンは横1cm幅に切る。
2. 耐熱容器に**1**ともやしを入れ、レタスはちぎって加える。スープの材料を注いで、ふんわりとラップをして電子レンジで3分加熱する。
3. 取り出してラップをはずし、ごま油を加えて混ぜ、ごまをふる。

中華風スープ

残ったキャベツで、早うま3分レシピ

調理時間: 5分　加熱時間: 3分

材料（1人分）
キャベツ …… 1/12個(80g)
スープ
　水 …… 2/3カップ
　鶏がらスープの素 …… 小さじ1
　しょうゆ …… 小さじ1/2
　サラダ油 …… 小さじ1/2
白いりごま …… 小さじ1/2

作り方
1. キャベツを5mm幅の細切りにして耐熱容器に入れ、スープの材料を加えてざっと混ぜる。
2. ふんわりとラップをして電子レンジで3分加熱し、ごまをふる。

ポトフ風スープ

隠し味のバターとマスタードが効いてます

調理時間: 5分　加熱時間: 3分

材料（1人分）
キャベツ（1/12のくし形）
　…… 1個(80g)
バター …… 5g
塩、こしょう …… 各少々
スープ
　水 …… 2/3カップ
　コンソメスープの素
　　…… 小さじ1
　サラダ油 …… 小さじ1
粒マスタード（あれば）
　…… 好きなだけ

作り方
1. キャベツは芯を切り落とし、葉は横に半分に切って、耐熱容器に入れる。スープの材料とバターを加え、ふんわりとラップをして電子レンジで3分加熱する。
2. 取り出して塩、こしょうで味をととのえ、あれば粒マスタードを添える。

じゃこのガーリックあえ

じゃこのうまみを添えたサラダ風あえもの

調理時間: **5**分　加熱時間: **2**分

材料（1人分）

キャベツ …… 1/8個（150g）
ちりめんじゃこ …… 大さじ1（5g）
調味料
　サラダ油 …… 小さじ2
　おろしにんにく（チューブ）…… 3cm（小さじ1/4）
　塩、こしょう …… 各少々

作り方

1. 耐熱容器に調味料とちりめんじゃこを混ぜる。
2. キャベツを4cm角に切って1の容器に入れ、ざっと混ぜる。ふんわりとラップをして電子レンジで2分加熱する。

ナポリタンあえ

レトロな味がかえって新鮮なサブおかず

調理時間: **5**分　加熱時間: **2**分

材料（1人分）

キャベツ …… 1/8個（150g）
調味料
　トマトケチャップ …… 大さじ1
　ウスターソース …… 小さじ1
　サラダ油 …… 小さじ1
粉チーズ …… 少々

作り方

1. 耐熱容器に調味料の材料を入れて混ぜる。
2. キャベツは7～8mm幅の細切りにして、1にのせ、混ぜずにふんわりとラップをし、電子レンジで2分加熱する。
3. 取り出してラップをはずして全体を混ぜ、器に盛って好みで粉チーズをふる。

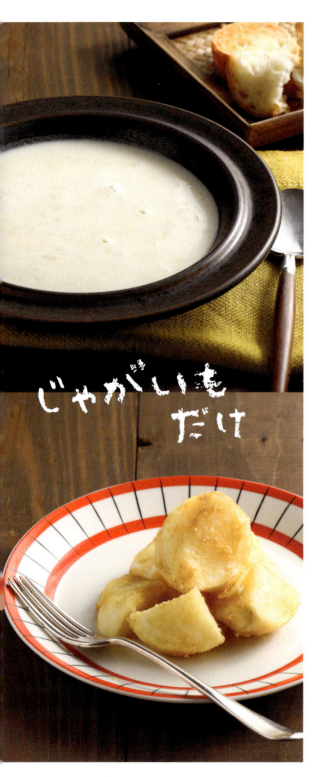

粗つぶしポタージュ
じゃがいものつぶが少し残るくらいがGOOD

| 調理時間：15分 | 加熱時間：7分 + 3分 |

材料（1人分）
じゃがいも …… 1個（150g）
牛乳 …… 1/2カップ
コンソメスープの素 …… 小さじ1

作り方
1 じゃがいもは1cm幅の半月切りにし、さっと洗う。耐熱容器に入れ、かぶるくらいの水を注ぐ。
2 1にふんわりとラップをして電子レンジで6〜7分加熱し、じゃがいもがやわらかくなったら湯を捨てる。
3 容器の中でフォークでじゃがいもを粗めのペースト状につぶし、熱いうちに牛乳とコンソメスープの素を混ぜる。ラップなしで、再度3分加熱する。よく混ぜて器に盛る。

コンソメポテト
ポテトに顆粒コンソメと粉チーズ、これ、はまる味です

| 調理時間：15分 | 加熱時間：4分 + 1分 |

材料（1人分）
じゃがいも …… 1個（150g）
調味料
　コンソメスープの素 …… 小さじ1/2
　粉チーズ …… 小さじ1/2
　こしょう …… 少々

作り方
1 じゃがいもは8等分に切り、水に5分ほどさらす。水けをきって耐熱容器に入れ、かぶるくらいの水を注ぐ。
2 ふんわりとラップをして電子レンジで4分加熱し、じゃがいもがやわらかくなったら湯を捨てる。
3 調味料を加え混ぜ、ラップなしで再度約1分加熱する。

小松菜のピリ辛スープ

ラー油のピリリが食欲をそそる

| 調理時間：5分 | 加熱時間：3分 |

材料（1人分）

小松菜 …… 1/6束（50g）
スープ
　水 …… 2/3カップ
　鶏がらスープの素 …… 小さじ1
　しょうゆ、サラダ油 …… 各小さじ1
こしょう …… 少々
ラー油 …… 好きなだけ

作り方

1. 小松菜は根元を切り落とし、3cm長さに切る。
2. 耐熱容器に小松菜とスープの材料を入れてふんわりとラップをし、電子レンジで3分加熱する。
3. 器に盛ってこしょう、ラー油をふる。

ほうれん草のレンジおひたし

野菜をとらなくちゃ、と思っている人に

| 調理時間：8分 | 加熱時間：2分 |

材料（1人分）

ほうれん草 …… 小1束（150g）
おろししょうが、かつお節、しょうゆ …… 各少々

作り方

1. ほうれん草は半分に分け、上下を交互にしてまとめ、ラップで包む。
2. 電子レンジで1分加熱し、裏返してさらに1分加熱して冷水に入れる。冷めたら根元を揃えて水けをしっかりと絞る。
3. 2を4cm長さに切り、再度水けを絞って器に盛る。おろししょうが、かつお節をのせ、しょうゆをかける。

1つの野菜でスープ&あえもの、サラダ

ブロッコリーだけ

クリームスープ
甘みのあるブロッコリーでまろやかに

調理時間：5分　加熱時間：2分30秒 + 1分30秒

材料（1人分）
ブロッコリー …… 1/4個（80g）
バター …… 10g
牛乳 …… 1/2カップ
コンソメスープの素 …… 小さじ1

作り方
1. ブロッコリーは小房に分けて（p.131参照）1cm角に刻む。
2. 耐熱容器にブロッコリーと水大さじ2、バターを加えて混ぜ、ふんわりとラップをして電子レンジで2分30秒加熱する。
3. 取り出してラップをはずし、牛乳とコンソメスープの素を加えて混ぜ、再度ラップをして温まるまで1分30秒ほど加熱し、混ぜる。

じゃこマヨあえ
野菜の下ゆではレンジにおまかせ

調理時間：5分　加熱時間：2分

材料（1人分）
ブロッコリー …… 1/2個（160g）
塩 …… 少々
ちりめんじゃこ …… 大さじ1（5g）
マヨネーズ …… 大さじ1

作り方
1. ブロッコリーは小房に分け、茎は皮をむいて乱切りにする。
2. 1を耐熱容器に入れて塩をからめ、ふんわりとラップをして電子レンジで2分加熱し取り出す。
3. ちりめんじゃことマヨネーズを加えてあえる。

PART 3

調理時間はすべて5分！

今夜は家飲み

イケてる小さなおかずつまみ

家飲みする日には、お酒のアテになるおつまみはもちろん、
白いご飯にも合う「おかずつまみ」がおすすめ。
家に帰ってからささっと作れる、調理時間はすべて5分の頼もしいレシピです。
便利な市販品も活用し、少ない材料で切るだけ、あえるだけのものから
フライパンでさっと炒めるだけのものまで、どれも簡単。
ついつい手がのびてしまう、ラクラクつまみが揃いました。
野菜の切り方は、p.132〜へGO！

| すぐできる一品 |

冷ややっこアレンジ

明太子と
おろしにんじん
のせやっこ

納豆、
揚げ玉やっこ

Wねぎ油の
くずしやっこ

じゃこ
にらだれやっこ

＊豆腐は木綿、絹ごし、好みのもので。

明太子とおろしにんじんのせやっこ

明太子とにんじんが意外に相性よし

材料（1人分）
豆腐 …… 1/4丁（80g）
にんじん …… 1/3本（50g）
オリーブ油 …… 小さじ2
塩 …… ひとつまみ
こしょう …… 少々
明太子 …… 1/2腹（約40g）➡ p.108参照
好みのスプラウト（あれば）…… 適量

作り方

1. にんじんはおろし金などですりおろし、オリーブ油、塩、こしょうとあえる。明太子は包丁で縦に切り目を入れ、身をスプーンでこそげ出す。
2. 器に豆腐を盛り、**1**のにんじんと明太子をのせ、スプラウトを飾る。

納豆、揚げ玉やっこ

ねばねば納豆に揚げ玉でコクをプラス

材料（1人分）
豆腐 …… 1/4丁（80g）
納豆 …… 1/2パック（20g）
しょうゆ …… 大さじ1/2
揚げ玉 …… 大さじ1強
おろししょうが …… 1/2かけ分

作り方

器に納豆を入れ、しょうゆを加えて混ぜ、揚げ玉、しょうがともに別の器に盛った豆腐にのせる。

Wねぎ油のくずしやっこ

2種のねぎの香りがぐぐっと食欲をそそる

材料（1人分）
豆腐 …… 1/4丁（80g）
● 即席ねぎ油
　長ねぎ …… 10㎝
　細ねぎ …… 1本
　ごま油 …… 大さじ1
　塩 …… 小さじ1/4

作り方

1. 即席ねぎ油を作る。長ねぎは斜め薄切り、細ねぎは小口切りにして、ごま油と塩であえる。
2. 豆腐は器に入れ、スプーンで適当にくずす。上に**1**をかける。

じゃこにらだれやっこ

パンチのあるにらだれでお酒もすすむ

材料（1人分）
豆腐 …… 1/4丁（80g）
ちりめんじゃこ …… 適量（大さじ1が目安）
● にらだれ（作りやすい分量）
　にら …… 1本
　しょうゆ …… 大さじ2
　ごま油 …… 小さじ1

作り方

1. にらだれを作る。にらはみじん切りにし、しょうゆとごま油を混ぜ、5〜6分おく。
2. 豆腐は横5等分に切って器に盛り、**1**のたれを適量かけ、ちりめんじゃこをのせる。

キムチ卵黄

トマトと卵の炒めもの

\卵って素敵♪/
卵卵つまみ
(ランラン)

ソーセージエッグ

ドレスアップゆで卵

キムチ卵黄

コクうま辛で、ご飯にのせて丼にしても

材料（1人分）

卵黄 …… 1個分
白菜キムチ …… 40〜50g
ごま油 …… 小さじ1/2
細ねぎ（あれば・小口切り）…… 適量

作り方

1 器に食べやすく切ったキムチを盛り、上に卵黄をのせてごま油をたらす。
2 あれば細ねぎを散らし、卵黄をキムチにからめながら食べる。

オドロキのうまさ

トマトと卵の炒めもの

オクラでトマトの水けをおさえて、失敗しらず

道具：

材料（1人分）

卵 …… 1個
トマト …… 1個（150g）
オクラ …… 3本
砂糖 …… 小さじ1/2
塩 …… 小さじ1/3
サラダ油 …… 大さじ1

作り方

1 トマトは乱切りにし、オクラはへたを除いて小口切りにする。
2 フライパンにサラダ油を中火で熱し、溶きほぐした卵を加え、大きく箸でかき混ぜる。卵が固まりはじめたら、トマトを加えて軽く炒める。砂糖を加えて軽く混ぜ、オクラ、塩を加えてさらに軽く炒める。

ソーセージエッグ

つまみでも、ご飯、パンのおかずにもOK

道具：

材料（1人分）

卵 …… 1個
ウインナーソーセージ …… 2本
じゃがいも …… 1/2個
トマトケチャップ …… 大さじ1
サラダ油 …… 大さじ1

作り方

1 ソーセージは縦4等分に切り、じゃがいもは5〜6cm長さの太めの細切りにする。
2 フライパンにサラダ油を入れ、**1**を加えて中火で炒め、じゃがいもが透明になってきたらケチャップを加えて軽く混ぜる。真ん中をあけて卵を割り入れ、まわりに少量の水を注いでふたをし、1〜2分、蒸し焼きにする。
* 好みでしょうゆまたは塩各少々をふって食べる。

ドレスアップゆで卵

ただのゆで卵と思ったら、とってもスペシャル★

材料（1人分）

ゆで卵 …… 2個
マヨネーズ …… 大さじ1
クリームチーズ …… 10g
おろしにんにく …… 1/3かけ分
粗びき黒こしょう …… 好きなだけ

作り方

1 ゆで卵を縦半分に切り、黄身だけを取り出しボウルに入れ、マヨネーズ、室温にもどしたクリームチーズ、にんにくを加えて混ぜ、手で軽く丸める。
2 ゆで卵の黄身があったへこんだところに、**1**を丸く盛ってこしょうをふる。

| 野菜とらなくちゃ |

ベジつまみ1

なすの
レモンマリネ

小松菜の
梅のりあえ

大根の
みそチーズサンド

ピーマンと
塩昆布のさっとあえ

なすの
レモンマリネ

なすは薄い半月切りにして、味しみよく

材料（1人分）
なす …… 1本
塩 …… 小さじ1/3
青じそ …… 4枚
オリーブ油 …… 大さじ1
レモン汁 …… 1/4個分

作り方
1 なすはへたを取って縦半分に切り、薄い半月切りにする。ボウルに入れて塩をふり、軽くもんで5分おく。青じそはせん切りにする。
2 なすの水けを軽く絞り、オリーブ油とレモン汁、青じそを加えてあえる。味みをして、足りなければ塩少々（分量外）で調節する。

大根の
みそチーズサンド

大根のパリッとした食感にみそチーズがマッチ

材料（1人分）
大根 …… 3cm
青じそ …… 3枚
● みそチーズ（作りやすい分量）
　クリームチーズ …… 15g
　みそ …… 大さじ1

作り方
1 大根は5mm幅の半月切りにし、青じそは半分に切る。
2 クリームチーズとみそを混ぜてみそチーズを作る。
3 大根1枚に青じそをのせて2を塗り、もう1枚の大根でサンドする。残りも同様に作る。

小松菜の
梅のりあえ

梅干しがすっぱさわやか。
ほうれん草でも同様にできるってよ

道具:

材料（1人分）
小松菜 …… 4株
梅干し …… 1個
のり …… 1/4枚
ごま油 …… 大さじ1
しょうゆ …… 大さじ1/2

作り方
1 塩ひとつまみ（分量外）を加えた熱湯で小松菜をゆで、水にさらして水けを絞る。食べやすい長さに切る。
2 1に細かく刻んだ梅干しの果肉、ごま油を加えてあえる。梅干しの塩分によって、味みしながらしょうゆを少しずつ加えてあえ、最後にちぎったのりを混ぜる。

ピーマンと
塩昆布のさっとあえ

生ピーマンの意外なおいしさに出逢う

材料（1人分）
ピーマン …… 2個
塩昆布 …… 大さじ1（5g）

作り方
1 ピーマンは縦半分に切り、へたと種を除いて細切りにする。
2 保存袋または保存容器に1と塩昆布を入れて、口を閉じシャカシャカふる。塩昆布の塩けがピーマンになじむまで数分おく。

\ 野菜がおいしい /
ベジつまみ2

いんげんの
オイルゆで

きゅうりの
ヨーグルトあえ

焼きアスパラの
レモン炒め

かぶの
おろししょうがナムル

いんげんのオイルゆで

野菜をオイルゆですると、
コクとうまみが入ってつややか

道具：

材料（1人分）
- さやいんげん …… 6本
- ごま油 …… 大さじ2
- 塩 …… 小さじ1
- しょうゆ …… 小さじ1
- かつお節 …… 少々

作り方
1. さやいんげんは長さを3等分にする。
2. フライパンに水1カップを入れて沸騰させ、中火にしてごま油、塩を加えて混ぜ合わせる。**1**を加え、1分ほどゆでてざるに上げ、ボウルに入れる。
3. しょうゆをふり、かつお節を加えて軽くあえる。

きゅうりのヨーグルトあえ

キウイとヨーグルトの酸味がさわやか〜。
あと味さっぱりがいいね

材料（1人分）
- きゅうり …… 1/2本
- キウイフルーツ …… 1個
- パセリ …… 適量
- ●ソース
  - プレーンヨーグルト（無糖）…… 大さじ4
  - オリーブ油 …… 大さじ1
  - 塩 …… 小さじ1/4
  - 粗びき黒こしょう …… 少々

作り方
1. きゅうりは約1cmの角切りにしてボウルに入れ、塩少々（分量外）を加えてもみ込む。
2. キウイは1cmの角切り、パセリはみじん切りにして、ともに**1**に加える。さらに混ぜたソースを加え、2分ほどおいてなじませ、器に盛る。

焼きアスパラのレモン炒め

粉チーズとレモン汁が味の決め手。
ワインにどうぞ

道具：

材料（1人分）
- グリーンアスパラガス …… 3本
- 塩 …… ふたつまみ
- 粉チーズ …… 大さじ1
- レモン汁 …… 1/6個分
- オリーブ油 …… 大さじ1
- クレソン（あれば）…… 少々

作り方
1. アスパラは根本から1/3〜半分くらいまでかたい部分の皮をむき、3等分に切る。
2. フライパンにオリーブ油を中火で熱し、**1**を加える。軽く焦げ目がついたら裏返して両面を焼き、塩をふる。仕上げに粉チーズ、レモン汁をかけてからめながら軽く炒める。
3. あれば器にクレソンを敷いて**2**を盛る。

かぶのおろししょうがナムル

かぶの甘みにしょうが、ごま油で
韓国風あえものに

材料（1人分）
- かぶ …… 2個
- 塩 …… ひとつまみ
- おろししょうが …… 1かけ分
- ごま油 …… 小さじ2

作り方
1. かぶは縦半分に切って縦薄切りにする。ボウルに入れて塩をふって混ぜ合わせ、5分おく。
2. かぶの水けをきって、しょうがとごま油を加えてあえる。

\家飲みに欠かせない/
居酒屋風つまみ 1

ししゃもの
塩昆布マヨネーズ

豚しゃぶの
しょうがみそあえ

まぐろの
柚子こしょう漬け

こんにゃくの
キムチ炒め

PART 3　イケてる小さなおかずつまみ

豚しゃぶの
しょうがみそあえ

濃厚なみそだれで、
ご飯のおかずにももってこい

| 道具:

材料 (1人分)
豚薄切り肉(しゃぶしゃぶ用) …… 50g
おろししょうが …… 1かけ分
みそ …… 大さじ1/2
細ねぎ(あれば・小口切り) …… 1本

作り方
1 鍋に湯を沸かして豚肉を1枚ずつ広げて入れ、肉の色が変わったらざるに上げて湯をきる。
2 ボウルに**1**を入れ、おろししょうがとみそを加えて混ぜる。器に盛り、あれば細ねぎをふる。

ししゃもの
塩昆布マヨネーズ

ししゃもがワンランクアップ☆

| 道具:

材料 (1人分)
ししゃも …… 3~4尾
● 塩昆布マヨネーズ
　塩昆布(細かく切る) …… 大さじ1/2
　マヨネーズ …… 大さじ2
　七味唐辛子(あれば) …… 少々

作り方
1 フライパンにオーブンシートを敷いてししゃもを並べ、中火で両面こんがりするまで焼く。
2 器に盛り、上によく混ぜ合わせた塩昆布マヨネーズをのせる。

＊ オーブンシート…オーブンや電子レンジで使用できるよう表面をコーティングした、耐熱性のある紙。

まぐろの
柚子(ゆず)こしょう漬け

赤身のまぐろもヅケにするとひと味アップ

材料 (1人分)
まぐろ(刺身用赤身) …… 6切れ
● 漬けだれ
　しょうゆ …… 大さじ1 1/2
　みりん …… 大さじ1/2
　柚子こしょう …… 小さじ1/4
青じそ(あれば) …… 1枚

作り方
1 ボウルに漬けだれを混ぜ合わせてまぐろの刺身を入れ、3~4分漬け込む。途中で一度裏返す。
2 あれば青じそを器に敷き、**1**を盛る。

こんにゃくの
キムチ炒め

こんにゃくにキムチの辛みがしみしみ、うまい

| 道具:

材料 (1人分)
こんにゃく …… 1/2枚
塩 …… 少々
白菜キムチ …… 80g
酒、みりん …… 各大さじ1
しょうゆ …… 大さじ1/2
ごま油 …… 大さじ1

作り方
1 こんにゃくは横3mm幅の薄切りにし、味がしみ込みやすいよう包丁の背などで軽くたたく。キムチは食べやすい大きさに切る。
2 フライパンにごま油を強火で熱し、こんにゃくを入れ(油がはねるので注意)、塩をふって2分ほど炒める。キムチ、酒、みりん、しょうゆを加えて1分ほど炒め合わせ、器に盛る。

\お酒がすすむ♪/
居酒屋風つまみ2

厚揚げの
しょうがじょうゆ炒め

油揚げときゅうりの
ごま酢あえ

さばのみそ煮の
クリームチーズあえ

納豆のお焼き

厚揚げのしょうがじょうゆ炒め

にんにくじょうゆにして炒めても美味

道具:

材料（1人分）
厚揚げ …… 1/3枚
長ねぎ …… 5cm
しょうが …… 1かけ
しょうゆ …… 大さじ1
酒 …… 大さじ1
ごま油 …… 大さじ1

作り方

1. 厚揚げは1cm角に切る。長ねぎは7〜8mm幅の斜め切りにする。しょうがはすりおろす。
2. フライパンにごま油を中火で熱し、厚揚げを入れて1分ほど炒め、長ねぎ、しょうが、酒、しょうゆを加える。味をからめるように軽く炒めて器に盛る。

油揚げときゅうりのごま酢あえ

渋いけれど、しみじみほっとするおいしさ

道具:

材料（1人分）
油揚げ …… 1/2枚
きゅうり …… 1/3本
● ごま酢
　黒すりごま …… 大さじ1
　しょうゆ …… 小さじ1
　酢 …… 小さじ2
　砂糖 …… 小さじ1

作り方

1. 油揚げはフライパンで両面を色よく焼き、細切りにする。きゅうりはせん切りにする。
2. ボウルに油揚げ、きゅうり、ごま酢をよく混ぜて入れ、全体をあえて器に盛る。

さばのみそ煮のクリームチーズあえ

味つけいらずのクイックレシピ

材料（1人分）
さばのみそ煮缶 …… 1缶(190g)
クリームチーズ …… 10g
三つ葉（あれば・ざく切り）…… 少々

作り方

1. さばのみそ煮缶は缶汁をきって、適当な大きさにほぐし、ボウルに入れる。
2. クリームチーズは1cmの角切りにし、**1**に加えてあえる。器に盛り、あれば三つ葉を散らす。

意外なコラボ！

納豆のお焼き

小腹がすいたときのおつまみにもおすすめ

道具:

材料（1人分）
納豆 …… 1パック(40g)
しょうゆ …… 小さじ2
細ねぎ …… 2本
ちりめんじゃこ …… 大さじ3
ピザ用チーズ …… 大さじ2
● ころも
　小麦粉 …… 大さじ1 1/2
　水 …… 大さじ1 1/2
ごま油 …… 大さじ1
七味唐辛子 …… 少々

作り方

1. 細ねぎは小口切りにする。ころもを合わせる。
2. ボウルに納豆、しょうゆ、細ねぎ、ちりめんじゃこ、ちぎったピザ用チーズを入れ、ころもを加えてよく混ぜ合わせる。
3. フライパンにごま油を入れ、**2**を2等分にして小判形にまとめて並べる。弱めの中火で両面色よく焼く。器に盛り、好みで七味をふる。

ワインのお供に
ビストロ風つまみ

あさりとセロリの
白ワイン蒸し

まいたけの
レモンマスタードあえ

アボカド
ツナディップ

オレンジ風味の
キャロットラペ

あさりとセロリの白ワイン蒸し

あさりのうまみが溶け出した
蒸し汁はパンにつけても美味

道具:

材料（1人分）
あさり（砂抜きしたもの）…… 120g
にんにく …… 1/2かけ
セロリ …… 3cm（葉の部分も5枚ほど）
白ワイン …… 1/2カップ
しょうゆ …… 小さじ1　オリーブ油 …… 大さじ1

作り方
1 フライパンにオリーブ油を中火で熱し、薄切りにしたにんにくとセロリを加えて香りがたつまで炒める。あさりを加え、白ワイン、しょうゆを加えてふたをし、蒸し煮する。
2 あさりの口が開いたら、香りづけにセロリの葉を粗く刻んで加える。

まいたけのレモンマスタードあえ

チャチャッと炒めるだけの、おしゃれな一品

道具:

材料（1人分）
まいたけ …… 1パック（100g）
レモン汁 …… 1/6個分
粒マスタード …… 大さじ1/2
しょうゆ …… 小さじ1
塩 …… 少々
粗びき黒こしょう …… 少々
オリーブ油 …… 大さじ1

作り方
1 まいたけは適当な大きさにほぐす。
2 フライパンにオリーブ油を中火で熱し、まいたけを加え塩をふって軽く炒める。レモン汁、粒マスタード、しょうゆを加えて味をととのえ、仕上げにこしょうをふる。

アボカドツナディップ

そのままでも、バゲットやクラッカーにのせても

材料（多めの1人分）
アボカド …… 1/2個
レモン汁 …… 1/6個分
ツナ缶 …… 小1缶（70g）
マヨネーズ …… 大さじ2
好みで練りわさび …… 小さじ1

作り方
1 アボカドは種を取って1cm角に切り、ボウルに入れてレモン汁をふる。
2 1に缶汁をきったツナ、マヨネーズ、好みでわさびを加え、木べらでアボカドをくずしながらあえて器に盛る。

オレンジ風味のキャロットラペ

人気の味にオレンジ果汁をプラスでフルーティーに

材料（1人分）
にんじん …… 1/3本
● マリネ液
　オレンジ …… 1/2個
　オリーブ油 …… 大さじ1 1/2
　塩 …… 小さじ1/4
　粗びき黒こしょう …… 少々
レーズン（あれば）…… 10粒

作り方
1 マリネ液を作る。オレンジは果汁を搾ってボウルに入れ、オリーブ油を少しずつ混ぜながら加え、塩、こしょうを加えて混ぜる。
2 にんじんはせん切りして塩少々（分量外）をまぶし、1のボウルに入れて味をなじませる。あればレーズンを加える。

\ つい手がのびる /
ビストロ風つまみ2

チーズせんべい

焼きバナナの
赤ワイン風味

ソーセージの
カレーガーリック焼き

カマンベールの
生ハム巻き

チーズせんべい

レンジ加熱で約2分、
パリッとチーズせんべいお試しあれ

道具：

材料（1人分）
スライスチーズ …… 3枚
● スパイス
  粗びき黒こしょう、カレー粉、七味唐辛子
  …… 好みのものを各少々

作り方
1 オーブンシート（p.75参照）の上にスライスチーズを少しずつ離してのせ、それぞれに好みのスパイスをふる。
2 電子レンジに入れ、2分ほど加熱する。

焼きバナナの赤ワイン風味

女子受けも◎の大人モードの焼きバナナ

道具：

材料（1人分）
バナナ …… 1本
バター …… 小さじ1強（5g）
赤ワイン …… 大さじ1
砂糖 …… 大さじ1
シナモン（あれば）…… 少々

作り方
1 バナナは皮をむき、大きく斜め切りにする。
2 フライパンにバターを熱し、バナナを加えてやさしく返しながら全体を焼く。
3 2に赤ワインと砂糖を入れ、バナナにからめながら加熱する。汁けが半分くらいになり、バナナ全体が紫色に染まったら器に盛り、あればシナモンをふる。

ソーセージのカレーガーリック焼き

スパイシーな香りがぐぐっと食欲をそそる

道具：

材料（1人分）
ウインナーソーセージ …… 5本
にんにく …… 1かけ
カレー粉 …… 小さじ1/3
オリーブ油 …… 大さじ1

作り方
1 ソーセージは、味がしみ込みやすいよう両側から細かく切り込みを入れる。にんにくは横薄切りにする。
2 フライパンにオリーブ油とにんにくを入れて弱火で熱し、ソーセージを入れて軽く焼き目がつくまで炒め、仕上げにカレー粉をふってひと混ぜする。

カマンベールの生ハム巻き

ジャムをチョンとのせるのがミソ。
味も見た目もおしゃれに

材料（1人分）
カマンベールチーズ …… 1個（100g）
生ハム …… 2～3枚
マーマレード …… 好みの量
ブルーベリージャム …… 好みの量

作り方
1 カマンベールチーズを5～6等分に切り、生ハムは長さを半分に切る。
2 チーズにそれぞれ生ハムを巻く。上にブルーベリージャムやマーマレードをチョンとのせる。

週末の ちょい残り野菜一掃レシピ

週末になると、キャベツ1/6個、にんじん1/3本……など、
冷蔵庫にちょっと残った野菜が増えていない？
買って日にちがたった野菜は、味が落ちるだけでなく、栄養素も減ってしまいがち。
おすすめの使いきり、食べきり料理です。

ひとりキムチ鍋（ピリ辛）

材料を切って煮るだけの熱々、ピリ辛の韓国風鍋。
土鍋がなくても、フライパンや鍋で作れます

調理時間：**20**分　道具：フライパン または 鍋

週末は野菜食べきる宣言

材料（1人分）

- 豚ロース薄切り肉 …… 150g
- もやし …… 1/3袋
- にら …… 3本 ➡ 3cm長さに切る
- 長ねぎ …… 1/2本 ➡ 1cm幅の斜め切り
- 卵 …… 1個
- ごま油 …… 小さじ1
- ● 煮汁
  - 白菜キムチ …… 1/2カップ
  - 水 …… 1 1/2カップ
  - 鶏がらスープの素 …… 小さじ1
  - 酒 …… 大さじ1 1/2
  - しょうゆ …… 大さじ1
  - おろしにんにく（チューブ）…… 1cm
  - おろししょうが（チューブ）…… 1cm
  - 塩 …… 小さじ1/2

作り方

1. 豚肉は食べやすい大きさに切る。
2. フライパンまたは鍋に煮汁の材料を入れて強火で煮立てる。沸騰したら、もやし、にら、ねぎ、豚肉を加え、フライパンの真ん中当たりに卵を割り落とす。ふたをして、強めの中火にし、フツフツとして肉と卵に火が通ったら、仕上げにごま油を回しかける。
3. 器に盛り、具材に卵をからめて食べる。

野菜たっぷり鍋

相撲部屋にも負けない

鶏塩ちゃんこ鍋

身体が温まる人気の塩味鍋。豆腐は木綿、絹ごし、お好みで。
多めに作り、ご飯を入れて締めは雑炊にしても

調理時間:20分 | 道具: または

材料 (1人分)

鶏もも肉 …… 1/2枚(約130g)
キャベツ …… 大2枚
→ ざく切り
しめじ …… 1/2パック(50g)
→ 石づきを切り、小房に分ける
油揚げ …… 1枚
豆腐 …… 1/3丁(約80g)
● 煮汁
　水 …… 1 1/2カップ
　和風だしの素 …… 小さじ1/2
　酒 …… 大さじ1 1/2
　しょうゆ …… 小さじ2
　塩 …… 小さじ1/2
　おろしにんにく(チューブ) …… 0.5㎝
白すりごま(あれば) …… 少々
細ねぎ(あれば) …… 少々 → 小口切り

作り方

1. 鶏肉は食べやすい大きさに切る。油揚げは横5等分、豆腐は3等分に切る。
2. 煮汁の材料をフライパンまたは鍋に入れて煮立てる。沸騰したら、鶏肉、豆腐、油揚げを加え、強めの中火にし、鶏肉の色が変わったら、キャベツ、しめじを入れて、ふたをして煮る。
3. ぐつぐつして、野菜に火が通ったらOK。器に盛り、あればごま、細ねぎを散らす。

蒸すだけ

キャベツ&ブロッコリー

材料（1人分）

キャベツ …… 2枚
ブロッコリー …… 1/3株
→小房に分ける
● たれ
　しょうゆ …… 大さじ3
　ごま油 …… 小さじ1/2

作り方

1 野菜は食べやすい大きさに切る。
2 水けを残したまま耐熱皿に入れてふんわりラップをし、電子レンジで約3分加熱する。取り出して、そのまま1分おいて蒸らす。
3 たれの材料を合わせ、つけて食べる。

いちばん簡単な

レンジ蒸し野菜

残り野菜一掃にはレンチン野菜が手軽。
塩やマヨに飽きたら、
簡単なたれやソースで味の変化を

調理時間 **15**分 ｜ 道具 🔲

じゃがいも&にんじん

材料（1人分）

じゃがいも …… 大1個
→ひと口大に切り、5分ほど水にさらす
にんじん …… 1/2本
→小さめのひと口大に切る
● ソース
　マヨネーズ …… 大さじ3
　トマトケチャップ …… 小さじ2
　牛乳 …… 小さじ1
　塩、こしょう …… 各少々

作り方

1 じゃがいもは軽く水けをきり、にんじんはさっと水に通す。
2 水けを残したまま耐熱皿に入れてふんわりラップをし、電子レンジで約5分加熱する。取り出して、そのまま1分おいて蒸らす。
3 ソースを混ぜて、つけて食べる。

焼くだけ

テクニック不要の
オープンオムレツ

野菜はピーマン、玉ねぎ、ブロッコリーなどでも。
ボリュームがあるので、休日のブランチにも

調理時間: **20**分 | 道具:

やっぱフライパンって便利

材料（1人分）

卵 …… 3個
ハム …… 2枚
キャベツ …… 1枚
　→3cm長さの細切り
ミニトマト …… 3個
　→半分に切る
ピザ用チーズ …… 20g
塩 …… 2つまみ
こしょう …… 少々
オリーブ油 …… 大さじ1

作り方

1　ボウルに卵を入れて溶きほぐし、塩、こしょうを加え混ぜ、細切りにしたハム、キャベツとチーズを加えて混ぜる(写真)。

2　フライパン(あれば小さめのものが作りやすい)にオリーブ油を熱し、強火にして**1**の卵液を流し入れ、菜箸で大きく、ゆっくりと3回くらい混ぜる。

3　弱火にして上にミニトマトをのせ、ふたをして(なければアルミホイルをかぶせ)約10分蒸し焼きにする。

煮るだけ

フランスの香りの
ラタトゥイユ

野菜はすべて同じ大きさに切って、口当たりよく。
野菜の水分だけでとろんとするまで煮るのがコツ

調理時間：**30**分　道具：🍳

材料 （1人分）

ベーコン …… 2枚
トマト（完熟）…… 大1個
→ へたを取り、ざく切り
玉ねぎ …… 1/4個（50g）
→ 粗みじん切り
なす …… 小1個
→ へたを切り、1cmの角切りにし、水にさらして水けをきる
ピーマン …… 1個（50g）
→ へたと種を取り除き、1cmの角切り
おろしにんにく（チューブ）…… 1cm
塩 …… 2つまみ
こしょう …… 少々
はちみつ …… 小さじ1
酒 …… 小さじ2
オリーブ油 …… 小さじ2
粉チーズ …… 大さじ1（量は好みで加減して）

作り方

1 ベーコンは8mm幅に切る。
2 フライパンにオリーブ油を熱し、ベーコン、玉ねぎ、にんにくを入れて炒める。玉ねぎがしんなりしてきたら、なす、ピーマンを加えて炒め、油が回ったら、塩、こしょうを加えて炒める。
3 トマトを加えてさっと炒め（写真）、はちみつ、酒を加えて、ふたをしないでときどきかき混ぜながら水分をとばすように弱めの中火で煮る。野菜がとろんとしてきたらOK。粉チーズをふって食べる。

ちょこっと漬けもの

きゅうりと塩昆布の浅漬け

| 調理時間: 5分 |

材料と作り方 (作りやすい分量)

きゅうり2本を乱切り(p.132参照)にし、塩昆布大さじ1 1/2とともにポリ袋に入れて口を閉じ、袋の上からもむ。食べるときに少量のオリーブ油をかけても美味。

キャベツの浅漬け

| 調理時間: 8分 |

材料と作り方 (作りやすい分量)

キャベツ1/6個分をざく切りにし、塩3つまみ加えてポリ袋に入れて口を閉じ、袋の上からもむ。好みでごま油とごまをふって食べても。

大根の甘酢漬け

| 調理時間: 10分 |

材料と作り方 (作りやすい分量)

大根1/5本の皮を厚めにむき、いちょう切りしてボウルに入れる。塩2つまみを加えて1分ほどもみ、5分ほどおく。ペーパータオルに包んで水けを絞り、ポリ袋に入れ、砂糖大さじ1、酢大さじ2を加えて口を閉じ、袋の上からもむ。

にんじんのしょうゆ漬け

| 調理時間: 10分 (漬ける時間は除く) |

材料と作り方 (作りやすい分量)

にんじん1本は3cm長さ、5mm角の拍子木切り(角柱に切る切り方)にし、ポリ袋に入れ、しょうゆ1/4カップを加えて口を閉じ、1時間ほど漬け込む。

ゴロゴロ
野菜の豚汁

豚ばら肉でコクをつけた、
根菜たっぷりのみそ汁。
ボリューミーなこの1杯でお腹も満足

| 調理時間：30分 | 道具： |

材料（多めの1人分）
豚ばら薄切り肉 …… 100g
じゃがいも …… 1個
　→乱切りにし、約5分水にさらす
大根 …… 3cm →いちょう切り
にんじん …… 1/2本 →半月切り
長ねぎ …… 1/2本 →1cm幅の小口切り
●煮汁
　水 …… 2カップ　酒 …… 大さじ1
　和風だしの素 …… 小さじ1/2
サラダ油 …… 小さじ1　みそ …… 大さじ2

作り方
1. 豚肉は3cm長さに切る。鍋にサラダ油を熱し、じゃがいも、大根、にんじんを加えてさっと炒め、豚肉を加えて炒め、肉に火を通す。
2. 野菜に透明感が出てきたら、煮汁の材料を加えて（写真）ふたをし、強火で沸騰させる。沸騰したら弱火にし、じゃがいもにすっと竹串が通ったら、長ねぎを加える。さらに5分ほど加熱し、長ねぎがやわらかくなったらみそを溶き入れ、ひと煮立ちしたら火を止める。

＊ 好みで七味唐辛子をふっても。

元気な赤い色の
ミネストローネ

少しずつ残った野菜を小さく切って、
コトコト煮込んだ野菜不足解消スープ

| 調理時間：30分 | 道具： |

材料（多めの1人分）
ベーコン …… 2枚
トマト …… 大1個
　→へたを取り、小さめのざく切り
玉ねぎ …… 1/2個（100g）→1cmの角切り
にんじん …… 1/3本（50g）→1cmの角切り
じゃがいも …… 大1個
　→1cmの角切りにし、水に5分さらす
おろしにんにく（チューブ）…… 0.5cm
●煮汁
　水 …… 2カップ　酒 …… 大さじ1
　塩 …… 小さじ1/2　はちみつ …… 小さじ1/2
オリーブ油 …… 小さじ2
粗びき黒こしょう …… 少々
粉チーズ …… 好みの量

作り方
1. ベーコンは5cm長さに切る。鍋にオリーブ油を熱し、弱めの中火でベーコンと玉ねぎ、にんにくを加えて炒め、玉ねぎがしんなりしてきたら、にんじんとじゃがいもを加えて透明感が出るまで炒める。塩少々（分量外）をふる。
2. 1に煮汁の材料とトマトを加えて強火にし、沸騰したら弱火にして、ふたを少しずらしてのせ、15分ほどコトコト煮込む。
3. 一度冷まし、食べるときに再び温めて器に注ぎ、こしょう、粉チーズをふる。

具だくさんのおかず汁

残り野菜の♥汁ものセット

大根やにんじん、キャベツ、ブロッコリーなどの野菜の使い残しが出るたびに、ジッパーつき保存袋に入れておこう。ある程度量がまとまったら汁ものの具材として利用して使いきって

サンラータン風中華スープ

ちょいすっぱ辛い

小腹がすいたときや夜食にもぴったり。
酢やラー油の量は好みでプラスマイナスを

調理時間: **20**分 　道具:

材料 （多めの1人分）

豚ひき肉 …… 150g
白菜 …… 1枚
　→葉と軸に分けて軸は横8mm幅に、葉の部分はざく切り
トマト …… 1個(150g) →へたを取り、2cmの角切り
しいたけ …… 2枚 →軸を切り、薄切り
味つけザーサイ …… 大きめ6枚 →細切り
塩 …… 適量
● 煮汁
　水 …… 2カップ
　酒 …… 大さじ2
　鶏がらスープの素 …… 小さじ1
卵 …… 2個
しょうゆ …… 大さじ1
こしょう …… 少々
ごま油 …… 小さじ1
酢 …… 小さじ2
ラー油 …… 好みの量

作り方

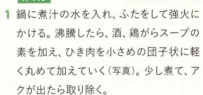

1 鍋に煮汁の水を入れ、ふたをして強火にかける。沸騰したら、酒、鶏がらスープの素を加え、ひき肉を小さめの団子状に軽く丸めて加えていく（写真）。少し煮て、アクが出たら取り除く。

2 1に白菜、トマト、しいたけ、ザーサイ、塩2つまみを加えて弱めの中火で5分ほど煮る。野菜に火が通ったら、しょうゆ、塩少々、こしょう、ごま油を加えて味を調節する。溶いた卵を中央から外に向かって円を描くように回し入れ、そのまま弱めの中火で約1分、卵が固まって浮いてくるまで煮る。酢を加えて器に盛り、ラー油をふる。

卵があれば…
スペシャル卵かけご飯

 温かいご飯1杯 に 卵1個 をかけて ちょい足し素材

おかかバターの卵かけご飯

溶けたバターとかつお節が卵にからんで、もう最高

調理時間：**3**分

材料と食べ方 (1人分)

 + +

かつお節　　　バター　　　白いりごま
小さじ1　　　小さじ1　　　小さじ1/2

ご飯の真ん中に卵を割り入れ、バター、ごまとかつお節をトッピング。しょうゆ（またはだしじょうゆ）をたらりとかけ、混ぜて食べる。

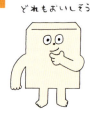
どれもおいしそう

納豆チーズ の卵かけご飯
ぜひ、試してほしい和洋折衷の新しいおいしさ

調理時間: **5**分

材料と食べ方（1人分）

| 納豆
1パック(50g)
付属のたれを混ぜる | ＋ | 粉チーズ
小さじ2 | ＋ | 刻みのり
好みの量 |

ご飯に卵を混ぜ、納豆、粉チーズ、刻みのりをトッピングする。しょうゆをたらりとかけ、混ぜて食べる。

材料と食べ方（1人分）

 ＋

さけフレーク　　塩もみきゅうり
大さじ1　　　　1/3本分

きゅうり1/3本を斜めに小口切りにし、塩ひとつまみでもんで5分おき、ペーパータオルに包んで水けを絞る

ご飯に卵を混ぜ、さけフレークと塩もみきゅうりをトッピングする。しょうゆをたらりとかけ、混ぜて食べる。

さけフレークときゅうり の卵かけご飯
お茶漬け感覚でかき込みたい

調理時間: **7**分

なめたけねぎラー油 の卵かけご飯
ラー油のピリリがきいてます！

調理時間: **3**分

材料と食べ方（1人分）

 ＋ ＋

なめたけ　　　刻みねぎ　　　刻みのり
大さじ1　　　小さじ2　　　好みの量

ご飯に卵を混ぜる。なめたけを加えてさっと混ぜ、刻みねぎとのりをトッピングする。好みでラー油をかけ、混ぜて食べる。

卵があれば…
自由自在のゆで卵

とろとろ	半熟	普通	かため
5分	7分30秒	9分	15分

作り方（卵2個）

1

鍋に卵がかぶる程度の水を入れて強火にかけ、沸騰させる。沸騰したら中火にして、卵を1個ずつスプーンにのせて、そっと入れる。

> 時間があれば、卵は冷蔵庫から出して、室温にもどしておくと割れにくい

2

箸でときどき卵を転がしながら、好みの加減にゆでる。

> 卵を上下左右に転がすと、黄身が片よらず、真ん中で固まる

3

ゆで上がった卵をすぐに取り出して、氷水の中へ。急冷して、5分ほどしっかり冷ますこと。

> 冷水にとって冷やさないと、火が通りすぎたり、殻に白身がくっついてきれいにむきにくい

4

殻にひびを入れ、水を流しながら殻をむく。

> 殻と白身の間の隙間に水が入ってむきやすくなる

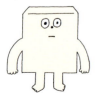

殻ってこんなにきれいにむけるの？

卵があれば… 好みのたれで味つけ卵

めんつゆ に漬ける

めんつゆ（ストレートタイプ）1/2カップにゆで卵を2個を入れ、ときどきひっくり返しながら漬ける。

塩水 に漬ける

水1/2カップに塩小さじ2/3を溶かした中にゆで卵を2個を入れ、ときどきひっくり返しながら漬ける。

酢じょうゆ に漬ける

しょうゆ大さじ1と酢小さじ2を混ぜた中にゆで卵を2個を入れ、ときどきひっくり返しながら漬ける。

焼肉のたれ に漬ける

焼肉のたれ大さじ4の中にゆで卵を2個を入れ、ときどきひっくり返しながら漬ける。

＊味つけする際のゆで卵は半熟にゆでたものがベスト。
＊保存容器、ポリ袋どちらで漬けてもよい。酢じょうゆや焼肉のたれなど少ない漬け汁で漬ける場合は、袋に入れ、空気を抜いて漬けるのがベター。保存容器の場合、ペーパータオルをかぶせて、ときどきひっくり返し、全体に浸かるようにする。
＊3時間～半日ほど漬けるとおいしい。半日たったら、味が入りすぎないように漬け汁を捨てて冷蔵保存。
＊どの味つけ卵も2～3日で食べきること。

ポリ袋でもOK

卵があれば…
気分で選ぶ目玉焼き

作り方

1

フッ素樹脂加工のフライパンにサラダ油小さじ1/4を入れてから火をつける。強火で40秒温めてフライパンを上下左右に傾けて油を全体になじませて余分な油を拭き取る。

＊時間があれば、卵を常温にもどしておくとよい。
＊慣れないうちは、卵は容器に割り入れるとよい。フライパンの縁に当てて割ると、殻が入ることも。

半熟焼き

2

割った卵を落とし入れ、弱火で6分焼く。

3

黄身は半熟で、白身のまわりに薄く焼き色がついたらOK。

よく焼き

2

割った卵を落とし入れ、ふたをして弱火で5分焼く。

3

黄身が白っぽくなるまで焼いたらできあがり。

私はよく焼き派

PART 4

のせるだけ、あえるだけでクセになる

チャチャッと簡単

丼ご飯と
ツルツルめん

温かいご飯にのせるだけ、冷凍うどんにあえるだけで、
食べごたえありで、おなかもしっかり満足する激ウマレシピを紹介。
火を使わないものから、フライパンで炒めるだけなど、
忙しいときにも、疲れたときにもチャチャッと作れます。
締めのご飯やめんとしてもぴったんこ。

キムトマ丼

相性よしのキムチとトマトを切ってのせるだけ

| 調理時間: **5分** |

材料と作り方 (1人分)

1. **温かいご飯**
   … 茶碗1杯分 (150g)
   冷やご飯なら、電子レンジで温める

＋

2. **白菜キムチ**
   … 50〜60g
   やや小さめのざく切りにしてのせる

＋

3. **ミニトマト** … 3個
   へたを取って横半分に切ってのせる

＋

4. **カットのり** … 3枚
   ちぎってのせる

＋

しょうゆ
小さじ1
5. 好みでかける

梅肉豆腐丼

あっさり、さっぱりヘルシー豆腐丼

| 調理時間: **15分** |

材料と作り方 (1人分)

1. **温かいご飯**
   … 茶碗1杯分 (150g)

＋

2. **木綿豆腐**
   … 1/3丁 (100g)
   ペーパータオルに包んで10分ほどおいて、水けをきる。ボウルに入れ、フォークなどでつぶしておく

＋

3. **かつお節** … 1袋 (5g)

＋

4. **青じそ** … 2〜3枚
   ちぎる

＋

5. **梅干し**
   … 中1個 (甘くないもの)
   種を除き、果肉をちぎる

＋

しょうゆ
大さじ1/2
6. 2に3、4、5、しょうゆを加えてよく混ぜ合わせ、ご飯にのせる

刺身パックの海鮮丼

スーパーのタイムセールでゲットした刺身パックで

| 調理時間: **5**分 |

材料と作り方 （1人分）

1. 温かいご飯
  … 茶碗1杯分（150g）

＋

2. 刺身の盛り合わせ
  … 1パック（約100g）
  まぐろ、サーモン、たいなど、好みで

＋

漬けだれ

しょうゆ	練りわさび	ごま油
大さじ1/2	小さじ1/3〜1/2	小さじ1/2

3. ボウルに混ぜ合わせ、刺身を加えてあえる

4. ご飯に刺身をのせて残った漬けだれをかけ、あれば長さを半分に切った貝割れ菜を添える

のっけご飯

ツナレタス丼

定番のツナマヨにレタスを添えて後味さわやか

| 調理時間: **5**分 |

材料と作り方 （1人分）

1. 温かいご飯
  … 茶碗1杯分（150g）

＋

2. ツナ缶 … 小1缶（70g）
  缶汁をきる

＋

白いりごま	マヨネーズ	しょうゆ
大さじ1/2	大さじ1	小さじ1/2

3. ボウルに混ぜ合わせ、ツナを加えてあえる

＋

4. レタス … 大1枚
  水けを拭いたレタスを小さめにちぎってご飯にのせ、3をのせて、あればごまをふる

小さなフライパンでもうまく焼ける

> 広げたロース肉は焼くとき固まりやすく、またフライパンのサイズによっては、一度で焼ききれないことも。広げて半分に折りたためば、焼きやすいし、おまけに省スペース

豚とミニトマトの_{カフェ風}ご飯

豚肉をパタンと2つに折って焼いた
見た目はカフェ風ワンプレートご飯

調理時間：**10**分　道具：

見た目もおしゃれ、食べたーい

材料（1人分）

- 温かいご飯 …… 茶碗1杯分（150g）
- 豚ロース薄切り肉 …… 4枚
- ミニトマト …… 3個
- たれ ➡ 混ぜる
  - 中濃ソース …… 大さじ1/2
  - トマトケチャップ …… 大さじ1
  - 酒 …… 大さじ1/2
- サラダ油 …… 大さじ1/2
- レタス（あれば） …… 好きなだけ

作り方

1 豚肉は広げて長さを半分に折る。ミニトマトはへたを取る。

2 フライパンにサラダ油を中火で熱し、豚肉を入れて両面を2分ほど焼きつける。ミニトマトを加えてふたをし、弱めの中火で20秒ほど蒸し焼きにし、フライパンの底にたまった余分な脂をペーパータオルで拭き取る。

3 たれを加えて火を少し強め、フライパンをゆすりながら豚肉とトマトにからめる。

4 器にご飯と3を盛り、あればレタスをちぎって添える。

ちくわとピーマン、玉ねぎの炒め丼

キッチンの常備素材でパパッと炒めて。
ちくわがいい味、出してます

調理時間:15分

これならできそう

材料（1人分）

- 温かいご飯 …… 丼1杯分（200g）
- ちくわ …… 小2本
- ピーマン …… 1個
- 玉ねぎ …… 1/4個
- たれ
  - めんつゆ（3倍濃縮）…… 大さじ1
  - 水 …… 1/4カップ
  - みりん …… 大さじ1/2
- サラダ油 …… 大さじ1/2
- のり（あれば）…… 少々

作り方

1. ちくわは斜めに7〜8mm幅に切り、ピーマンは縦半分に切り、種とへたを取って、斜め細切りに、玉ねぎは縦薄切りにする。
2. フライパンにサラダ油を中火で熱し、玉ねぎとピーマンを加えてしんなりするまで炒め、ちくわを加えてさらに炒め合わせる。
3. たれの材料を入れて汁けがなくなるまで1〜2分炒め煮する。
4. 丼にご飯を盛り、3をのせ、あればのりをちぎって散らす。

レンチンタラモご飯のせ とろ卵

たらこご飯にレンチンしたじゃがいもと
炒り卵プラスでボリュームアップ

調理時間: **10**分 | 道具:

材料 (1人分)

温かいご飯 …… 茶碗1杯分(150g)
じゃがいも …… 中1個
たらこ …… 1/2腹(約40g) ➡ p.108参照
オリーブ油 …… 大さじ1
塩 …… 小さじ1/4

卵液 ➡ 混ぜる
　溶き卵 …… 1個分
　粉チーズ …… 大さじ1

サラダ油 …… 大さじ1/2
粗びき黒こしょう(あれば) …… 少々

作り方

1. たらこは縦に切り目を入れ、身をスプーンでこそげ出してボウルに入れ、オリーブ油を混ぜる。
2. じゃがいもは小さな角切りにする。耐熱ボウルに入れ、ふんわりラップをして電子レンジで2分加熱し、**1**のボウルに加えて混ぜ、ご飯も加えて混ぜ合わせる。味をみて、塩、こしょう(分量外)で調節し、丼に盛る。
3. フライパンにサラダ油を中火で熱し、卵液を一気に流し、菜箸で手早く混ぜて半熟状にする。**2**の丼にのせ、あれば粗びきこしょうをふる。

おいしいかさ増しテクが、これ

たらこの混ぜご飯にレンチンじゃがいもを加えた、かさ増しテク。じゃがいもを切って耐熱ボウルに入れ、ラップをしてレンジ加熱。小さく切ればあっというまに火が通る

韓国風プルコギ丼

ちょいぜいたくな

給料日はやっぱり焼き肉丼でしょ
牛の切り落としでちょいゴージャス

調理時間: **10**分　道具:

栄養バランスも◎

材料（1人分）

温かいご飯 …… 丼1杯分（200g）
牛切り落とし肉 …… 100g
もやし …… 1/3袋（60〜70g）
にんじん …… 1/4本
ピーマン …… 小1個
焼き肉のたれ …… 大さじ1 1/2
ごま油 …… 大さじ1/2
白いりごま …… 少々

作り方

1. 牛肉は食べやすい大きさに切る。にんじんはせん切りに、ピーマンは縦半分に切り、へたと種を取り、細切りにする。
2. フライパンにごま油を中火で熱し、牛肉を加えてほぐしながら炒める。肉の色が変わってきたら、もやし、にんじん、ピーマンを加えて2分ほど炒め、焼き肉のたれを加えて手早く炒め合わせる。
3. 丼にご飯を盛り、2をのせ、ごまをふる。

さば缶おろしうどん

さば缶に相性よしの大根おろしは、ヘビロテめんの予感

調理時間：**10**分　道具：🔲

材料と作り方（1人分）

1. 冷凍うどん
　…1玉（200g）
うどんは電子レンジで表示時間通りに加熱する。さっと洗い水けをよくきって器に盛る

＋

2. さばみそ煮缶
　…1/2缶（約100g）
うどんにさばを加え、ほぐすように混ぜる

＋

3. 大根おろし
　…1/3カップ分
うどんの真ん中にのせる

＋

しょうゆ　たらり

4. 好みでかける

納豆温玉ぶっかけうどん

うどんにねばねば〜の納豆と温泉卵をからめるだけ

調理時間：**10**分　道具：🔲

材料と作り方（1人分）

1. 冷凍うどん
　…1玉（200g）
うどんは電子レンジで表示時間通りに加熱する。さっと洗い水けをよくきって器に盛る

＋

2. 納豆（小粒）
　…1パック（40g）
付属のたれとよく混ぜてうどんに混ぜる

＋

3. 温泉卵（市販）…1個
割ってうどんにのせる

＋

めんつゆ（3倍濃縮）
大さじ1 1/2

4. 水大さじ2で薄めたつゆをうどんに回しかける。あれば青じそ2〜3枚をちぎって散らす

冷たいのっけ混ぜうどん

キムチツナうどん

キムチとツナの王道コンビは
箸が止まらない

| 調理時間 | **10**分 | 道具： |

材料と作り方 （1人分）

1. **白菜キムチ**
   … 60〜70g
   大きければ食べやすい大きさに切ってボウルに入れる

   ＋

2. **ツナ缶** … 小1缶（70g）
   缶汁をきって1に入れる

   ＋

   しょうゆ　ごま油（あれば）
   小さじ1/2　少々

3. 2に入れて、よく混ぜる

   ＋

4. **冷凍うどん**
   … 1玉（200g）
   うどんは電子レンジで表示時間通りに加熱する。さっと洗い水けをよくきって3に加えて混ぜる。器に盛り、あれば細ねぎの小口切りを散らす

かにかまとわかめの サラダうどん

ごまマヨネーズだれがいい仕事してます

| 調理時間 | **10**分 | 道具： |

材料と作り方 （1人分）

1. **冷凍うどん**
   … 1玉（200g）
   うどんは電子レンジで表示時間通りに加熱する。さっと洗い水けをよくきって器に盛る

   ＋

2. **かにかまぼこ**
   … 4〜5本
   手で裂く

   ＋

3. **カットわかめ**
   … 約大さじ1
   水でもどして、水けを絞っておく

   ＋

   貝割れ菜
   1/3パック

   ＋

   マヨネーズ　しょうゆ　ごま油
   大さじ1 1/2　小さじ1/2　大さじ1/2

5. よく混ぜる

   うどんに具材をのせて、5のたれをかけて混ぜる

卵がぽろぽろにならないように!

カルボナーラはソースをクリーム状に仕上げるのがポイント。卵がまだとろとろのところに解凍したうどんを入れて、手早く混ぜて火を止める。ソースをうどんにからめよう!

簡単カルボナーラ風うどん _{de パスタ}

定番パスタも、うどんで手軽に作れます！
卵に火を通しすぎないことが、成功のカギ

| 調理時間: **10**分 | 道具: 🔲 + 🍳 |

材料 （1人分）

冷凍うどん …… 1玉（200g）
ベーコン …… 2枚
卵 …… 1個
オリーブ油 …… 小さじ1
牛乳 …… 1/3カップ
粉チーズ …… 大さじ1
塩 …… 少々
粗びき黒こしょう（あれば）
　…… 好きなだけ

作り方

1. うどんは電子レンジで、表示時間通りに加熱しておく。ベーコンは横1cm幅に切る。卵は溶いておく。
2. フライパンにオリーブ油とベーコンを入れ、中火にかけて1～2分炒める。牛乳を加えてゴムべらでときどき混ぜながら1分ほど煮る。
3. 粉チーズを加えて混ぜ合わせて火を弱め、塩、溶き卵を入れて手早く混ぜ合わせる。卵がまだとろとろのところにうどんを入れ、さらに混ぜて火を止める。
4. 3を器に盛り、あればこしょうをふる。

トマトと塩昆布の スープうどん

さわやか

トマトの酸味と塩こんぶのうまみがコラボ。
さわやか系あっさりうどんは夜食にも◎

調理時間: **10**分 ｜ 道具:

このコンビ最高!

材料（1人分）

冷凍うどん …… 1玉（200g）
トマト …… 中1個
塩昆布 …… 大さじ2（10g）

スープ
　水 …… 2カップ
　和風だしの素 …… 小さじ1/2
塩、しょうゆ …… 各少々
サラダ油 …… 大さじ1/2

作り方

1. トマトはへたを取ってざく切りにする。うどんは電子レンジで、表示時間通りに加熱しておく。
2. 鍋にサラダ油を中火で熱し、トマトを加えて炒め、スープの材料を入れて煮立てる。うどんを入れ、3分ほど煮て塩昆布を加える。汁の味をみて、塩、しょうゆで味を調節する。

のりの香りが食欲をそそる

豚こまのりうどん

のりをちぎり入れた器に汁を注ぐと、風味が生き、磯の香り満点に

| 調理時間: **10**分 | 道具: |

やるね、ちぎったのり

材料（1人分）

- 冷凍うどん …… 1玉（200g）
- 豚こま切れ肉 …… 100g
- めんつゆ（3倍濃縮）…… 大さじ3
- 塩 …… 少々
- カットのり …… 2〜3枚
- おろししょうが（あれば）…… 好みで

作り方

1. 豚肉は大きければ食べやすく切る。鍋に水2カップと豚肉を入れて中火にかける。煮立ったらお玉でアクを取り、めんつゆを加える。
2. 豚肉に火が通るまで煮、冷凍うどんを加える。解凍したら箸でほぐしながらうどんに火を通す。汁の味をみて、塩で調節する。
3. 丼にのりをちぎって入れ、**2**を注ぎ入れる。あればしょうがをのせる。

アク取り奉行参上！

アクは肉や野菜に含まれる渋みやえぐみ、不快なにおい成分のこと。煮ると表面に泡として浮かんでくるので、玉じゃくしなどで汁をとりすぎないようにすくうと、臭みやにごりのないすっきりとした味に

温かいのっけうどん

焼き油揚げと
ねぎうどん
たっぷり

カリッと焼いた油揚げとねぎ。
王道の組み合わせはやっぱうまい

調理時間：**10**分　道具：

お揚げさん
好きには
たまりません！

材料（1人分）

冷凍うどん …… 1玉（200g）
油揚げ …… 1枚
長ねぎ …… 1/3本
和風だしの素 …… 小さじ1/2
しょうゆ …… 大さじ1/2
塩 …… 少々
七味唐辛子 …… 好みで

作り方

1. フライパンに油揚げを入れ、中火で2〜3分、さらに裏返して2〜3分、軽い焦げ目がつくまで焼き、食べやすい大きさに切る。長ねぎは斜め薄切りにする。
2. うどんは電子レンジで、表示時間通りに加熱しておく。
3. 鍋に水2カップと和風だしの素、しょうゆを入れて中火にかける。煮立ったらうどん、ねぎを加えて少し煮て、汁の味をみて、塩で調節する。器に盛り、油揚げをのせ、好みで七味をふる。

明太クリーミーマヨのパスタ
（あえるだけ）

あえるだけでOKな和風パスタの人気メニュー。
マヨネーズと牛乳で明太子の辛さがマイルドに

調理時間: **10**分 ｜ 道具: 🍳

材料 （1人分）

スパゲッティ
　…… 100g（7〜9分ゆでのもの）

ソース
　明太子 …… 1/2腹（約40g）
　牛乳 …… 大さじ1
　マヨネーズ …… 大さじ1

塩 …… 少々
スプラウト（あれば）…… 少々

作り方

1. ソースを作る。明太子は縦に切り目を入れ、身をスプーンでこそげ出してボウルに入れ、牛乳、マヨネーズと混ぜる。
2. フライパンに湯を沸かし、スパゲッティを加えて表示時間通りにゆでる。軽く湯をきり、**1**のボウルに加えてよくあえる。味をみて、塩で調節する。
3. 器に盛り、あればスプラウトを飾る。

明太子、たらこの数え方

たらこや明太子は1本や2本ではなく、対になった2つで、1腹と数えます。レシピに1/2腹とあったら写真の緑の線で囲んだ部分のこと。1/2腹は約40〜50g。

1/2腹

あえるだけ、煮るだけパスタ

ベーコンとトマトの
フライパンで煮パスタ

カリカリ

フライパンひとつで完成の煮るパスタ。
ゆで鍋いらず、湯きりいらずの驚きの調理法

調理時間：**15**分　｜　道具：🍳

材料（1人分）

スパゲッティ
　…… 100g（7〜9分ゆでのもの）
ベーコン …… 2枚
トマト缶（カットタイプ）…… 1/2缶（200g）
にんにく（粗みじん切り）…… 小1かけ分

煮汁
　　水 …… 1 1/4カップ
　　砂糖 …… 小さじ1/4
　　コンソメスープの素 …… 小さじ1/4
　　塩 …… 小さじ1/3
　　こしょう …… 少々
オリーブ油 …… 小さじ1

作り方

1. ベーコンは横1cm幅に切る。フライパンにオリーブ油とベーコン、にんにくを入れ、中火にかける。香りが出て、ベーコンがややカリカリになるまで焦がさないように炒める。

2. トマト缶、煮汁の材料を加え、煮立ってきたらスパゲッティを半分に折って加える。箸でときどき混ぜながら、煮汁が少し残るくらいまで、袋の表示の時間からさらに2分ほどプラスして煮る。

スパゲッティは半分に折ってね

このパスタは少ない煮汁で煮る調理法。しっかりと煮汁に浸るよう、パスタは手で長さを半分に折って使うのがポイント。煮立てた煮汁に広げるようにして入れましょう

\ 保存袋ですぐできる /
もみもみして作るドリンク&アイス

アイスクリームメーカーやミキサーの専用の道具がなくても大丈夫、ジッパー式の保存袋に材料を入れてもみもみするだけで、なんとひんやりデザートの完成。作りすぎ、食べすぎ注意報が出るほどのおいしさです。

ブルーベリーシェイク

材料（グラス1杯分）

プレーンヨーグルト（無糖）…… 1/2カップ
バニラアイスクリーム …… 110mℓ
冷凍ブルーベリー …… 1/2カップ

作り方

すべての材料をジッパー式の保存袋に入れて、ジッパーを閉じ、袋の上からもみもみしてシェイク状にする。

drink

使う材料はしっかりと冷やしておくこと

キウイラッシー

材料（グラス1杯分）

キウイフルーツ（完熟）…… 1個
プレーンヨーグルト（無糖）…… 1/2カップ
牛乳 …… 1カップ
はちみつ …… 小さじ2

作り方

キウイは1cm角に切ってほかの材料とともにジッパー式の保存袋に入れて、ジッパーを閉じる。袋の上からもみもみしてシェイク状にする。

バナナのフローズンヨーグルト

材料 （作りやすい分量）
バナナ …… 1本
プレーンヨーグルト（無糖）…… 1カップ
はちみつ …… 大さじ1

作り方
バナナは2cm長さに切り、ほかの材料とともにジッパー式の保存袋に入れて、ジッパーを閉じる。袋の上からもみもみして全体がよく混ざったら、冷凍庫へ入れる。途中1時間に1回、計2～3回、冷凍庫から取り出してもみもみする。シャーベット状になればOK。

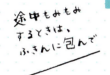

途中もみもみするときは、ふきんに包んで

りんごと紅茶のシャーベット

材料 （作りやすい分量）
りんごジャム …… 大さじ3
ストレートティー（ペットボトルの加糖紅茶）…… 1カップ

作り方
りんごジャムとストレートティーをジッパー式の保存袋に入れて、ジッパーを閉じる。袋の上からもみもみして全体がよく混ざったら、冷凍庫へ入れる。途中1時間に1回、計2～3回、冷凍庫から取り出してもみもみする。シャーベット状になればOK。

コンビニリメイク サラダチキンで

サラダチキンや鶏のから揚げ…

コンビニ、スーパーの人気総菜があっという間に絶品になる！

みんなが日頃お世話になっているコンビニ、スーパーの人気総菜。このまま食べてもおいしいけれど、いつも同じ味でいささか飽きてきた、というときの料理を紹介。ちょっとひと手間かけるだけで生まれ変わった姿をご覧あれ。

チキンといちごのヨーグルトサラダ　さわやか

チキンも野菜もフルーツも欲ばりサラダ。
ドレッシングはみそが隠し味！

材料（1人分）

- サラダチキン …… 1/2枚（約50g）
- にんじん …… 1/3本
- きゅうり …… 1/4本
- いちご …… 3個
- ヨーグルトドレッシング
  - プレーンヨーグルト（無糖） …… 大さじ4
  - オリーブ油 …… 大さじ1
  - 酢、みそ …… 各小さじ1
  - 塩、七味唐辛子 …… 各少々

作り方

1. サラダチキン、きゅうりは5cm長さの細切り、にんじんはせん切りにしてボウルに入れる。
2. ヨーグルトドレッシングは混ぜ合わせ、1のボウルに加えてよく混ぜる。縦4等分にスライスしたいちごを加えてざっと混ぜ、器に盛る。

アボカドチキンのサラダ　魅せ

香りとピリリの柚子こしょうがアクセント。
切るだけなのにおしゃれな盛りつけの魅せレシピ

材料（1人分）

- サラダチキン …… 1/2枚（約50g）
- アボカド …… 1/2個
- トマト …… 1/2個
- 柚子こしょうドレッシング
  - 酢 …… 大さじ1
  - オリーブ油 …… 大さじ1
  - 砂糖 …… 小さじ1
  - 塩 …… ひとつまみ
  - 柚子こしょう …… 少々

作り方

1. サラダチキンは5mm幅の薄切り、アボカドは縦半分に切って5mm幅の薄切りにする。トマトは1cmの角切りにする。
2. 柚子こしょうドレッシングは混ぜ合わせる。
3. 器にチキン、アボカド、トマトの順に重ね、2をかける。

鶏のから揚げで

から揚げのみぞれ鍋 *さっぱり*

大根おろしで鶏からの脂がほどよく抜けて、さっぱり。
あったか小鍋仕立てで、お酒のアテにも最高

道具：

材料（1人分）

鶏のから揚げ …… 6個
大根 …… 200g（約6cm）
しょうが …… 1/2かけ
サラダ油 …… 大さじ1

煮汁
　めんつゆ（3倍濃縮）
　　…… 1/4カップ
　水 …… 2カップ
しょうが（せん切り）…… 少々

作り方

1. 大根はすりおろし、しょうがはみじん切りにする。
2. 鍋にサラダ油を熱してしょうがを軽く炒め、香りがたってきたら、から揚げを加えて中火で1分ほど炒める。
3. 煮汁の材料を加え、ひと煮立ちしたら大根おろしを入れ、3分ほど弱火で煮込む。仕上げにしょうがのせん切りを散らす。

から揚げのキムチ炒め *ピリリと辛い*

残った鶏からとキムチを炒めたピリ辛味。
これだけでご飯が3杯はいけます

道具：

材料（1人分）

鶏のから揚げ …… 4個
白菜キムチ …… 70g
しめじ …… 1/2パック（50g）
にんにく …… 1かけ
ごま油 …… 大さじ1
酒、みりん …… 各大さじ1
キャベツ …… 適量

作り方

1. から揚げは食べやすい大きさに切り、しめじは石づきを取って小房に分ける。にんにくはみじん切りする。
2. フライパンにごま油を熱してにんにくを炒め、香りがたってきたら、から揚げとしめじを加えて中火で炒める。しめじがしんなりしたらキムチ、酒、みりんを加え、からめるように炒める。
3. 器にキャベツのせん切りを敷き、上に**2**を盛る。

ハッシュドポテト風
残りご飯とサラダのドッキングが新鮮

材料（1人分）

ポテトサラダ …… 80g
ご飯 …… 茶碗半杯（60〜80g）
塩、粗びき黒こしょう …… 各少々
オリーブ油 …… 適量
トマトケチャップ …… 適量

道具：

作り方

1 ボウルにご飯を入れて、木べらで軽くつぶし、ポテトサラダ、塩、こしょうを加えて、さらにつぶしながら全体を混ぜる。半分に分けてそれぞれ平らな丸形に成形する。
2 フライパンにオリーブ油を中火で熱し、1を入れて両面きつね色になるまで焼く。
3 器に盛り、ケチャップを添える。

コンビニリメイク ポテトサラダで

ポテサラの タルタル風
このソース、から揚げや魚のフライにのせても

材料（1人分）

ポテトサラダ …… 60g
きゅうり …… 1/4本
ゆで卵 …… 1個
マヨネーズ …… 大さじ1 1/2
塩、粗びき黒こしょう …… 各少々

作り方

1 ポテトサラダは包丁で軽くたたいて細かくする。ゆで卵ときゅうりは細かく刻み、すべてをボウルに入れる。
2 マヨネーズ、塩、こしょうを加えて混ぜ合わせ、器に盛る。あればバゲットを添えても。

ごぼうのファイバーサンドイッチ

粒マスタードをきかせたファイバーサンド

材料 （1人分）
食パン（6枚切り）……2枚
ごぼうサラダ……40g
サニーレタス……1〜2枚
バター、粒マスタード……各好みの量

作り方
パンにバターと粒マスタードを塗り、1枚の上にサニーレタスを敷き、ごぼうサラダをのせる。もう1枚のパンを重ねてサンドする。

コンビニリメイク

ごぼうサラダで

ごぼうとポテトのチーズ炒め

チーズとカレー粉が2つの素材のまとめ役

道具：

材料 （1人分）
ごぼうサラダ……30g
じゃがいも……1個
塩……2つまみ
カレー粉……小さじ1/4
ピザ用チーズ……20〜30g
オリーブ油……大さじ1/2
細ねぎ（あれば・小口切り）……1本

作り方
1 じゃがいもは5〜6cm長さの細切りにする。
2 フライパンにオリーブ油を中火で熱し、じゃがいもを加えて炒める。じゃがいもに火が通ったらごぼうサラダを加えて軽く炒める。ピザ用チーズとカレー粉、塩を加え、さらにチーズが溶けるまで炒め、あれば細ねぎを散らす。

> 冷蔵庫で冬眠中の

ドレッシング使いきりメニュー

買ってはみたものの使いきれず、残ってしまいがちなドレッシング。冷蔵庫の片隅で発見なんてことも。人気のごまとフレンチドレッシングの使いきりレシピをご紹介。調味料代わりに使うとそれだけで味が決まっちゃう！

ごまドレッシングで

鶏肉と小松菜の ごまドレ炒め

ごまの香りとコクでひと味アップ

調理時間: **10**分　道具: 🍳

材料 （1人分）

鶏もも肉 …… 1/2枚 （120〜150g）
小松菜 …… 1/2束（150g）
ごまドレッシング …… 大さじ2
塩、こしょう …… 各少々
サラダ油 …… 小さじ1

作り方

1. 鶏肉は2cm幅に切り、塩、こしょうをふる。小松菜は根元を切り、4cm長さのざく切りにする。
2. フライパンにサラダ油を入れ、鶏肉の皮目を下に並べて中火にかける。
3. 鶏肉に焼き色がついたら裏返し、小松菜を加えて全体をほぐしながら炒め、ふたをして1分ほど蒸し焼きにする。
4. ドレッシングを加えて全体に炒め合わせる。

白菜のごまドレ コールスローサラダ

白菜がモリモリ食べられる和風味
チキンも野菜もフルーツもの欲ばりサラダ。

調理時間: **5**分（塩漬けの時間を除く）

材料 （1人分）

白菜 …… 2枚（200g）
玉ねぎ …… 1/8個
にんじん（細い部分）…… 4cm
塩 …… 小さじ1/3
ごまドレッシング …… 大さじ2

作り方

1. 白菜と玉ねぎは横3mm幅の薄切りにし、にんじんは3mm幅の細切りにする。
2. 保存袋などに**1**の野菜を入れ、塩を加えて袋をふって混ぜ、空気を抜いて30分ほどおく。
3. **2**の水けを絞ってドレッシングを加えてからめる。

基本の調味料

調味料の種類をいろいろ揃えても、使いこなせない、使いきれないと、冷蔵庫でずっと冬眠することに。まずはこれだけあれば何とか料理ができる基本ラインをご紹介。小さいサイズから試してみるとムダになりません。

LEVEL 1 これがあれば何とかなる最低ラインの調味料

しょうゆ
一般にしょうゆといえば、濃い口しょうゆのこと。うまみがあって香りが高く、煮もの、炒めもの、つけじょうゆなどに幅広く使える。

砂糖
さとうきびが原料のものがポピュラー。しっとりとして溶けやすい。味にくせがないので、どんな料理にも向く。

塩
精製塩ではなく、ミネラルやうまみ成分の多い、粗塩や岩塩などがおすすめ。まろやかな味に仕上がる。

酢
穀物が原料の酢で、さっぱりとしたさわやかな酸味がある。調味や魚の臭み消し、酢漬けなど、どんな料理にも使える。

酒
料理酒ではなく、ふつうに飲むことができる日本酒を。料理にうまみやコクを加えるなどの働きがある。

こしょう
写真は黒こしょうと白こしょうをブレンドした、上品な風味の粉末タイプのこしょう。下味づけや調味に不可欠。

みそ
大豆、塩、麹から作られる発酵調味料。特に指定がない場合は淡色みそ（信州みそ）を使用して。だし入りも便利。

サラダ油
精製度が高いので、さらっとしてくせがない。炒めもの、焼きものなど加熱調理に幅広く使える。

自炊のための買い物テク

自炊生活は食材を買うことからスタートします。
買い物で賢く食材をゲットすることが、作る楽しみにつながります。

1
スーパー、コンビニ、小売店を使い分けて

品揃えが豊富なスーパーは、いろいろな食材を一度に買うことが可能。タイムセールや特売日があるのも魅力です。コンビニは値段は割高ですが、ひとり暮らし向きの食品が充実していて、いつでも利用できるのも便利。また八百屋さんなどの商店は、食材の使い道を気軽に聞けるアットホームな雰囲気がうれしいところ。そのときの状況に合わせ、いろいろなお店を使い分けましょう。

2
買い物メモはカテゴリー別に、がポイント

今晩必要なものを思いつくまま「にんじん、鶏肉、卵……」などとメモると、上のものから順番に探すので、売り場の中を行ったり、来たりすることに。野菜、肉、魚介、豆腐など、食材のカテゴリー別に分割してリストアップしておくと、短時間で買い物を終えられます。できればよく行くお店の売り場レイアウトに合わせてメモっておけば、買い物動線がよりスムーズに。

3
調味料はひとりご飯で使いきれる分量から

料理に欠かせない基本の調味料。最初は小さめのサイズのものを選んで。大きなサイズはお得感がありますが、使いきれずに結局冷蔵庫で眠らせてしまい、むだにしがちです。自炊生活に慣れて、自分の調味料の使用ペースがわかってくるまでは、小さいサイズで様子を見ましょう。

4
スーパーやコンビニの総菜を賢く利用

自炊ビギナーにとってとんかつやから揚げ、コロッケや天ぷらなどの揚げものはハードルが高いもの。特に1人分なら、スーパーやコンビニの総菜を買ったほうが、手間いらず＆安上がり。そのまま食べてもよし、とんかつをかつ丼にしたり、天ぷらを天ぷらうどんにしたりとアレンジも自在です。「コンビニ、スーパーの人気総菜があっという間に絶品になる！」（p.112〜）も参考に。

\料理以前の/
自炊基本のキ

この野菜、どうやって切るんだっけ?
お米を洗ったことがないんだけど……。
はじめての自炊生活にはいろいろな「?」が。
そんなときはこのページをチェックしてください。
狭いキッチンでも、無理なく楽しく自炊生活を続けるための
料理以前の基本、教えちゃいます!

- 自炊のための買い物テク
- 基本の調味料
- 本当に使える便利食材
- 狭いキッチンでの調理スペースの工夫
- 自炊なんでもQ&A
- 料理の下ごしらえ
- 野菜の基本切り
- ピカッ、ツヤッのご飯を炊く ✦
- 元気な野菜の選び方&保存法

レンジで作る人気のポテサラ

ドレッシングの酸味をプラスで本格ポテサラ

調理時間：15分　道具：電子レンジ

材料（1人分）
- じゃがいも …… 1個
- きゅうり …… 1/2本
- フレンチドレッシング …… 大さじ1
- マヨネーズ …… 大さじ1/2

作り方

1. じゃがいもは皮ごとよく洗い、ラップで包んで電子レンジで2分加熱し、裏返してさらに2分加熱する。火が通ったら皮をむき、ボウルに入れてフォークでざっくりとつぶす。ドレッシングを加えて混ぜ、粗熱を取る。
2. きゅうりは3mm幅の小口切りにし、塩少々（分量外）をふり混ぜて5分ほどおく。
3. 2の水けを絞って1に加え、マヨネーズを加えて混ぜる。

きのこの炒めマリネ

ビストロ風のすぐでき★小皿メニュー

調理時間：10分　道具：フライパン

材料（1人分）
- しめじ …… 1/2パック（50g）
- エリンギ …… 1/2パック（50g）
- フレンチドレッシング …… 大さじ2

作り方

1. しめじは石づきを除いて粗くほぐす。エリンギは石づきを除いて軸は1cm幅の小口切りにし、かさは縦半分に切る。
2. フライパンにドレッシング大さじ1を入れて中火にかけ、1のきのこを加えて軽い焼き色がつくまで2分ほど炒める。
3. 器に盛り、ドレッシング大さじ1をかける。

LEVEL 2　味つけの幅を広げるために欠かせない調味料

トマトケチャップ

裏ごししたトマトを濃縮し、玉ねぎやスパイスなどを加えてなめらかにしたもの。

マヨネーズ

卵、酢、油などが原料。野菜サラダにかける、あえるほか、いろいろな料理の隠し味的調味料としても優秀。

顆粒だし（和風だしの素・コンソメスープの素）

汁ものや炒めもの、煮ものなどのベースのだし、スープには、さっと溶かして使える顆粒タイプのだしが便利。和食には和風だし、洋食にはコンソメスープの素、中華には鶏がらスープの素と使い分けて。

中濃ソース

野菜やスパイスなどから作られるソース。ウスターソースより甘みがあり濃度が高い。炒めものや煮込み料理にも使える。

小麦粉

ふつう小麦粉といえば、薄力粉のこと。肉や魚にまぶしたり、ソテーや揚げもののころもとしても活躍。さらさらの小容量タイプが使いやすい。

片栗粉

水で溶いて加熱し、料理のとろみづけに。揚げもののころもとして、材料にまぶしたりもする。

めんつゆ

昆布やかつおだしに濃い口しょうゆ、砂糖、みりんなどを加えた調味料。濃縮タイプは2倍や3倍に薄めて使う。

おろしにんにく（チューブ）おろししょうが（チューブ）

おろす手間がいらず、さっと使えるチューブタイプが便利。3cmで小さじ1/4分。食材の臭い消しや、料理の風味づけに。

ポン酢しょうゆ

すだち、かぼすなどの柑橘類の搾り汁としょうゆを合わせた調味料。

料理のバリエが広がる　あると便利な調味料

- ☑ みりん
- ☑ オリーブ油
- ☑ 七味唐辛子
- ☑ 練りわさび
- ☑ バター
- ☑ ラー油
- ☑ カレー粉
- ☑ 練り辛子
- ☑ ごま油

本当に使える便利食材

スーパーやコンビニに並んだ食材から何を買おうと迷ったときの必見ページ。
どこのお店でも入手しやすく、簡単でおいしい料理に使える優秀食材がこれ！
まずはこの中から選べば安心です。

鶏もも肉
うまみが濃厚で食べごたえあり。大きく切ったものや、から揚げ用、こま切れなどのタイプがある。

鶏むね肉
もも肉より安価で、脂肪が少なく、あっさり味。低糖質素材としても、注目度大。

豚ひき肉
脂のうまみが味わえるひき肉。赤身だけのひき肉より、脂のあるもののほうが使いやすい。

合いびき肉
牛肉と豚肉を混ぜてひいたもの。ひき肉は傷みやすいので、早めに調理すること。

豚こま切れ肉
ロースやばらなどを整形するときに出る肉の切れ端で、いろんな部位が混ざったもの。そのまま料理に使える。

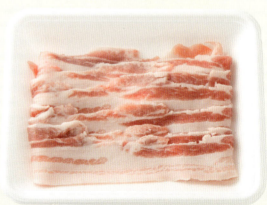

豚ばら薄切り肉
脂肪と赤身が層になっている。脂身が多く、コクが出るため、炒めものや、豚汁、焼き肉などに向く。

なるほど使えるね

生さけの切り身
魚の切り身では一番おなじみ。季節によっては、手に入りやすい甘塩ざけと使い分けて。

豆腐
高タンパク、低カロリーの優秀食材。木綿か絹ごしかは好みと作る料理で使い分けて。

卵
卵かけご飯、ゆで卵、親子丼など、料理のバリエが広がる。生で食べるときは、賞味期限に注意を。

もやし
1年中安定価格のコスパ素材。でも日もちしないので、早めに使いきるのがお約束。

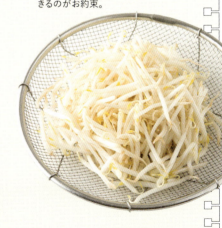

キャベツ
炒めものやポトフ、サラダやつけ合わせ素材としても使える。カットして売られているので、使いきれる量をチョイス。

お世話になります

保存がきくのでいつでも使える　常備野菜

玉ねぎ
炒めものや煮ものなどいろいろ使える万能野菜。常温で日もちするが、冷蔵保存すると切るときに涙が出にくい。
➡p.136

にんじん
積極的に食べたい緑黄色野菜。サラダや煮もの、スープなどの具に。
➡p.136

じゃがいも
にんたまじゃが兄弟の筆頭。カレーの具、肉じゃが、サラダなどに。電子レンジでチンすると簡単に火が通る。
➡p.136

＊常備野菜、旬の基本野菜ともに、選び方のコツは➡の参照ページへ。

季節を味わえる　旬の基本野菜

春
- レタス ➡p.137
- ブロッコリー ➡p.139
- グリーンアスパラガス ➡p.139

夏
- きゅうり ➡p.140
- ピーマン ➡p.140
- トマト ➡p.140

秋
- しめじ ➡p.139
- しいたけ ➡p.139

冬
- 白菜 ➡p.138
- 長ねぎ ➡p.138
- 小松菜 ➡p.138
- 大根 ➡p.137
- ほうれん草 ➡p.138

トッピングにも おすすめうまみ食材

冷ややっこに「かつお節」、ミートソースに「粉チーズ」、納豆に「のり」など、ふだん何気なく加えている、これらの食材。「かつお節」には〝イノシン酸〟、「粉チーズ」や「のり」には〝グルタミン酸〟などのうまみ成分が含まれています。トッピング感覚でうまみ食材を加えれば、だしを取ったり、だしの素を入れなくても十分おいしく仕上がります。以下の食材は、うまみ成分が多く含まれていて、いいだしが出るので、大いに活用しましょう。

早く買わなきゃ

さば缶
水煮やみそ煮など、さばのうまみと栄養を閉じ込めた缶詰。ふたを開けるだけであえる、のせると使い道もいろいろ。残ったら缶から容器に移して、冷蔵保存を。

ツナ缶
まぐろ・かつお類の加工品。原料や形状、調理の違いで種類もさまざま。高タンパク、低糖質、加熱不要で食べられる優れもの。残ったら容器に移し、冷蔵庫へ。

ちりめんじゃこ
いわしの稚魚を塩ゆで後、天日でしっかり乾燥させたもの。自然な塩けで料理にうまみをプラス。

かつお節
かつお節を薄く削った削り節。食感がよく、まろやかな味わい。小袋パックが使いやすく、おすすめ。

塩昆布
昆布+塩で作られる塩吹き昆布のこと。細切りタイプが使いやすい。塩けが強いので使う量は加減して。

ベーコン
肉のうまみにスモークした香味と脂のコクで、野菜をはじめ、いろいろな食材と相性がよい。

油揚げ
薄切りにした豆腐を油で揚げた食品。厚揚げとの違いは、薄切りの豆腐を使用するので中まで揚がっていること。

納豆
大豆を加工した発酵食品。パックごと冷凍すれば、いつでも納豆ご飯が食べられる。

のり
おにぎりやのり巻きをはじめ、料理のトッピング素材としても欠かせない。ビギナーはカットタイプが便利。

粉チーズ
パルメザンチーズを粉末にしたもの。パスタ、サラダ、カレー、スープなどにコクと香りをプラス。

狭いキッチンでの調理スペースの工夫

ワンルームの狭いキッチンは、作業しにくいのが最大の悩み。
調理スペースを確保するための工夫を伝授します。

まな板の置き場所を作る3つの方法

ひとり暮らしのキッチンではまな板を置くスペースがほとんどないことも。
これでは、調理に手間どって料理をやる気がおきません。
狭いキッチンにまな板スペースを確保するための3つの方法です。

① シンクをおおうサイズのまな板をのせる

ミニキッチンのシンクをすっぽりとおおう大きなまな板で、調理スペースの確保を。この置き方をするためにはシート状の薄いまな板だと食材をのせたときにグラグラしがち。プラスチック製のちゃんと厚みのあるまな板がベスト。また、まな板を置いたときにシンクにぴったりはまるサイズを選べば、縦に置くことも可能。どちらも、シンクに合ったサイズのまな板を探せるかどうかがカギ。

② まな板受け、水切りラックの上に

シンクに折りたためる水切りラックを渡してスペースを広げる方法。これを使うことでその上にまな板、食材などを置ける便利スペースになり、洗い終わった食器を置く本来の水切りラックとしても使用可能。また、まな板受けを設置するのも手。シンクの幅に合うようであれば縦にはめても横にはめてもOK。これらの便利商品はネット通販などで手に入ります。

③ 天板つきのプラスチック製ワゴンにのせる

キャスターつきで自由に移動でき、幅の狭いすき間収納用のプラスチック製ワゴン。引き出しには調味料や保存食も収納でき、上がフラットなものならまな板が置けるのでおすすめ。高さもシンクと同じ80cm前後のものなら、安定して材料を切ることが可能。また作った料理を盛りつけるスペースとしても活用できます。

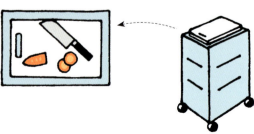

不要なキッチン道具とはさようなら

何気なく使っている水切りかごや三角コーナーなどは、
狭い調理スペースやシンク内で場所を占領しがち。
スムーズに料理ができるよう、スペースの確保を考えてキッチン道具を見直してみましょう。

**ゴミはポリ袋に入れて
そのつど捨てる**

1人分の調理ならゴミもそう多くないので、三角コーナーを置かず、小さめのポリ袋をゴミ入れにすれば十分。調理ごとにポリ袋に入れて、そのつどゴミ箱に捨てれば衛生的。

洗った食器はマットやクロスで水きり

狭いキッチンでは食器を洗ったら水切りかごに、という今までの発想の転換が必要。スペースを取る水切りかごはやめて、専用の水切りマットやキッチンクロスを1枚敷いた上に洗った食器を置けば、それで十分です。

**水切りマットやクロスも
置けないときは**

そのスペースさえないときはコンロにフライパンを置き、中にキッチンクロスを敷いて、洗った食器をのせて水きりを。

効率がいい！洗いもの手順

料理後、使った油まみれのフライパンをシンク内にほおっておくと、食事後の食器洗いに困ることに。
ガス台の上に移し、シンク内を空にして場所の確保を。
以下のように、食器は汚れの度合いの少ないものから洗うのが原則です。

① グラス類
↓ 油のぬめりやにおいがつかないように最初に洗う

② ご飯茶碗
↓ ご飯粒がこびりついた場合はお湯を入れてふやかす

③ 油汚れのない食器
↓ あえもの、スープなど油汚れがないものか少ないもの

④ 油汚れのある食器
↓ ペーパータオルなどで汚れをぬぐっておく

⑤ フライパンや鍋
ペーパータオルなどで汚れをぬぐっておく

人には聞けない素朴な？を解決

自炊なんでもQ&A

Q1 味つけが塩辛くなってしまった。どうカバーする?

A1 たとえば砂糖などの甘味料でカバーしようとしてもダメ。水分を足すか、野菜を増やして野菜から水けを出すのが◎。汁ものなら濃くなった汁を少し除いて水を足したり、水分の多い野菜を足す。炒めものは水を足すとべちゃっとなるので、生のちぎった野菜にのせていっしょに食べるのも手。

Q2 簡単レシピなのに、時間のかかりすぎをどうにかしたい

A2 調理中、もたもたして材料が必要になるたびに冷蔵庫を開け閉めしていては非効率的。必要な材料や調味料はすべて出して準備。そしてまず切るものを切ってしまうこと。まな板の上に何もかものせずに、小さなお皿やバットをうまく利用し、片づけながら調理するくせを習慣づけて。

Q3 レシピの分量を1人分から2人分にするには?

A3 野菜や肉、魚などの材料は単純に2倍でOK。ただし、特に調味料の塩としょうゆは倍量ではなく、1.5倍程度の控えめにして、味をみながら調節を。また、使う鍋やフライパンも1人分用の小さなもので無理に作ろうとすると、失敗の原因になるので注意を。

Q4 お気に入りレシピをマスターするには?

A4 料理も勉強も、復習することで上達するのはいっしょ。だから同じ料理を3回作ってみること。1回目は本を見てプロセスを確認しながら、2回目はわからないところを本で確認。3回目になれば、さっと見るだけで作れるようになっているというわけ。また必ず味みをして舌に覚えさせることも大切。

Q5 開封した調味料は冷蔵庫で保存しなければいけない?

A5 しょうゆ、酢、ポン酢しょうゆ、めんつゆ、ソースは開封したら冷蔵庫へ。酸化を防ぎ、風味を保ちます。マヨネーズやトマトケチャップは空気を抜いてドアポケットに。冷蔵庫内をいっぱいにしないためにも、調味料は使いきれる小さいサイズを選ぶようにしましょう。また、塩、砂糖、酒や油は開封後も常温保存でOKですが、火気の近くや湿気の多い場所は避けて保存します。

Q6 材料を切るたびに包丁やまな板をいちいち洗わなくてはダメ?

A6 肉を切った包丁やまな板を洗わずに、生野菜を切ったりするのはNG。材料は切る順番があります。まずは水けのない葉野菜、きのこ類などから切り、じゃがいも、ピーマンなどの順番に。次に玉ねぎや長ねぎ、にんにく、しょうがなどの香りの強いものを。ここで包丁とまな板をさっと水洗いして、水けを拭きましょう。最後ににおいや汚れがつきやすい肉や魚を切って、まな板をきれいに洗います。

Q7 残った野菜、ダメにしてしまう前にどうする?

A7 残った野菜をそのままにしておくと洗ったり、切ったりするのがめんどうになってダメにしてしまいがち。すぐに調理に使えるような状態にしておくのがおすすめ。

キャベツ:ちぎるかざく切りにし、保存袋に入れて冷蔵庫へ。5〜6日は保存可能。

ブロッコリー:小房に分け、電子レンジで加熱。保存袋に入れて冷蔵庫へ。3〜4日を目安に食べる。

もやし:電子レンジで加熱し、ごま油を少々からめて保存袋に入れ、冷蔵庫へ。3〜4日を目安に食べる。

きのこ:石づきを除いてほぐしたり、小房に分けて保存袋に入れ、冷蔵庫へ。1週間は保存可能。

料理の下ごしらえ

自炊ビギナーでも料理をおいしく仕上げるためには下ごしらえが大事。
レシピによく出てくる下ごしらえを集めました。「?」となったらこのページで確認を。

じゃがいもの芽を取る
じゃがいもの芽にはソラニンという有害物質があるので、包丁の刃元を刺してえぐり取る。

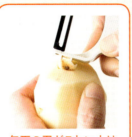

包丁の刃がこわい人は
刃の端に芽とりがついているピーラーで芽のまわりをえぐり取る。

ピーマンのへたと種を取る
縦半分に切り、へたを指で内側に押して種ごと取り除く。

セロリの筋を取る
葉つきの側の筋の先端を包丁で持ち上げ、根元に向けて引っぱる。

グリーンアスパラガスの根元を切る
かたい根元は口当たりが悪いので、1〜2cmほど切り落とす。

もやしのひげ根を取る
かならずしも取らなくてもよいが、手で折ってひげ根を取ると、口当たりがよく、見た目がきれい。

ブロッコリーを小房に分ける
茎から出たつぼみの根元に切り込みを入れ、1つずつ切り離す。

豆腐を軽く水きりする
豆腐をペーパータオルに包み、平らな器にのせて10〜15分おく。

鶏肉の脂肪を取る
皮と身の間の黄色い固まり(脂肪)を包丁またはキッチンばさみで切る。

アボカドの種を取る

1 へたから縦に包丁を入れ、種に沿って1周切り込みを入れる。
2 手で左右にひねって2つに分ける。
3 スプーンで種を取り除く。

きのこの石づきを切る

しいたけ
根元のかたい部分を切る。

しめじ
根元のかたい部分を切る。

えのきたけ
根元のおがくずの部分を切る。袋の上から切るとラク。

野菜の基本切り

料理のスタートは、切ること。切り方が揃っていると、見た目が美しいだけでなく、
火通りが均一になり、味もむらなくしみます。マスターしたい野菜の基本切りです。

輪切り

切り口が円形のものを端から輪に切る。大根、にんじんなど、煮物用なら1〜2cm厚さ、煮込むなら4〜5cm厚さに。

半月切り

輪切りを半分にした形。にんじんやいも類に向く。輪切りにしたものを半分に切るのではなく、縦半分に切ってから切り口を下にし、端から必要な厚さに切る。

いちょう切り

輪切りを十文字に四つ切りにした形。大根、にんじんなどに。材料をまず縦四つ割りにし、切り口を下にして端から必要な厚さで切っていく。

小口切り

きゅうり、ねぎ類などの細長い材料を端から薄く切っていくやり方。料理の用途に応じて、厚さは変える。

ざく切り

材料を食べやすい大きさにざくざくと切る方法。白菜、キャベツ、青菜類などに向く。青菜類は株でまとめて端から4〜5cm幅を目安に切っていく。

くし形切り

丸い形の材料の中心から縦に放射状に切っていくやり方。トマト、かぶ、玉ねぎのほか、かぼちゃやレモンにもよく使われる。

乱切り

きゅうり、にんじん、ごぼう、なすなどを左手で順次回しながら斜めに切り、ほぼ大きさを揃える。まず斜めに切り、次にその切り口が上を向くように左手で回し、また斜めに切る。上から見ると三角になるのがコツ。

細切り

4〜7cm長さ、2〜3mm幅に切ること。繊維に平行に薄切りにして4〜5枚重ねて、端から2〜3mm幅に切る。キャベツなどは、1cm幅程度までをいう。

せん切り

きゅうり、大根、しょうが、長ねぎなどに。4〜7cm長さ、1〜2mm幅に切ること。キャベツは軸の部分を切り落として、4〜5枚ずつ重ねて軽く丸め、端から1〜2mm幅に切る。

薄切り

素材の端から、厚みを揃えて1〜2mm幅に薄く切る方法。

縦に薄切り
野菜の繊維は根から上に向けて縦方向にのびているので、この繊維と平行に1〜2mm幅に切ること。繊維を生かすので、食感を残したい料理のときに。

横に薄切り
繊維の走っている方向に対して垂直に切る切り方。玉ねぎなら辛みが抜けやすく、火通りも早い。

ひと口大に切る

ひと口で食べられる大きさに切ること。約3cm角を目安に。じゃがいもは大きさにもよるが、1個を4〜6等分を目安に切ると、ひと口大に。

みじん切り
材料を細かく刻む方法。1〜2mm程度にやや大きく刻むと粗みじん切りになる。

玉ねぎ

つぶさず、均一に刻むのがコツ。

玉ねぎは根元をつけたまま、縦半分に切り、切り口を下にして縦2〜3mm幅に細かく切り目を入れる。

次に包丁をねかせて、横に根元近くまで3〜4本切り目を入れる。

端から薄く垂直に切るとみじん切りができる。縦横の切り目が細かいほど、細かいみじん切りになる。

しょうが にんにく

薄切りからせん切りにしたものをまとめて横向きにし、端から細かく切ると、みじん切りに。

皮をむき、繊維にそって薄切りにする。

少しずつ重ねて4〜5枚並べ、せん切りにする。

90度向きを変え、端から細かく切るとみじん切りに。

もっと細かくしたい場合は、まな板に広げて包丁の刃先を押さえながら刻む。

長ねぎ

縦に細かく切り込みを入れて、端から薄く切るとみじん切りに。切り込みの幅を細く入れるほど、細かいみじん切りになる。

使う長さを切り、左手で回しながら縦に細かく切り込みを入れる。斜めに切り込みを入れてもよい。

端から薄く切っていくとみじん切りになる。切り込みの数が多いほど、細かいみじん切りになる。

ピカッ、ツヤッのご飯を炊く

ふっくら炊けた白いご飯はなによりのごちそう。
同じ炊飯器を使っても、米の洗い方や
水加減で炊き上がりに差が出ます。
おいしいご飯の炊き方を知っておきましょう。

1　米をはかる

正確な計量がおいしいご飯の第1歩

炊飯器の付属の計量カップ（1合＝180mℓ）に米を多めに入れ、カップの縁に沿ってきっちりすりきる。少ないお米を炊く場合ほどきちんと計量しないと水加減が不正確になり、炊き上がりに差が出る。

2　米を洗う（とぐ）

最初のとぎ汁は素早く流し、とぎすぎずに洗う程度で

まず、必ずボウルを用意する（炊飯器の内釜で洗うと釜のコーティングがはがれてしまうので注意）。ボウルに水をなみなみ注ぎ、そこへ計量した米を一気に入れ、さっとひと混ぜしてすぐ水を捨てる。

この最初の工程で米が水をギューッと吸い込むので、できればミネラルウオーターを使うのがベスト。

次に水を注ぎ、手早く洗っていく。米ぬかを洗い落とす程度にやさしくかき混ぜるように指先で洗う。一度につき10回混ぜて水を替えて捨てる。この作業を3回繰り返す（新米は2回で大丈夫）。水がほぼきれいになればOK。

精米技術の発達した現代は、きれいに汚れや殻を取り除いてくれているので、ゴシゴシと洗う必要はない。

3　浸水

手早くボウルに水適量を入れ（米から指の第1関節分くらい上まで）30分ほどおく。おきすぎると、米が割れるので注意を。

134　自炊基本のキ

4 炊く

●炊飯器の場合

浸水した米はざるにあけ、水けをきって炊飯器の内釜に移す。内側の目盛りに合わせて冷水を分量分注ぎ、スイッチを入れて炊く。

冷水で炊くと、冷たい状態から一気に加熱することで、ベタッとせずにシャキッと米粒が立つように炊き上がる。

蒸らし終わったら、必ずご飯を混ぜること。しゃもじでご飯の上下を返すように手早く大きく混ぜる。

炊飯器について

最近の電気炊飯器はスイッチを入れると同時に浸水から始まったり、炊き上がったときに蒸らしまで終了しているなど、マイコンにおまかせのタイプが増えています。お持ちの炊飯器の説明書を読んで、浸水と蒸らしの確認をしましょう。

●鍋の場合

浸水させた米1合分を鍋に入れ、冷水1カップを入れてふたをし、強火にかける。

沸騰したら、木べらかしゃもじなどで、全体を手早くかき混ぜる。

再びふたをし、弱火から弱めの中火で約10分炊く。最後に約1分強火にし、火を止める。そのまま約10分蒸らす。

蒸らし終わったら、しゃもじでご飯の上下を返すように手早く大きく混ぜる。すぐに食べないときは鍋の上にふきんをかけ、ふたをして余分な水分を吸収させる。

"ご飯は多めに炊いて冷凍"が効率的

一度に2〜3合ずつ炊き、食べきれない分は、冷凍保存を。ご飯を温かいうちに1食分ずつラップでふんわりと包み、さらに冷凍用保存袋に入れます。冷めてから冷凍庫へ。電子レンジで解凍すれば、いつでもほかほかご飯が食べられます。

ほかほか

元気な野菜の選び方＆保存法

もう売り場で迷わない！

自炊ビギナーにとっても毎日の食卓に欠かせないのが、野菜。
旬の元気な野菜を使うと、料理も確実においしくなります。
野菜の形や色を上から見たり下から見たり、とチェック。
ベストな野菜の選び方と保存法のコツを伝授します。

にんじん

おいしい時期
9～12月

保存法
ポリ袋入りの場合、そのまま冷蔵庫の野菜室へ立てて入れる。袋入りではないときは、新聞紙に包んで保存する。蒸れたり、水けがつくと傷みやすい。冬の寒い時期は常温保存でOK。

- ✓ 皮が薄めで、傷がなく、なめらか
- ✓ 芽が出てなく、持ってみて重量感がある

じゃがいも

おいしい時期
9～12月

保存法
暗くて風通しのよい場所に常温保存するのがベスト。ポリ袋ではなく、かごや紙袋、ダンボールなどで保存を。袋の口はきっちり閉めないほうがよい。

- ✓ 茎の芯が小さく、茎の部分ができるだけ緑色に近い
- ✓ みずみずしく、表面に傷がない
- ✓ つやがあり、色が鮮やかで濃いオレンジのもの

玉ねぎ

おいしい時期
9～11月

保存法
新聞紙に包んで、風通しがよい、日の当たらない場所で保存。暑い時期なら野菜室がおすすめ。

- ✓ 全体的に形が丸く、重みがある
- ✓ 頭の部分が小さく、締まっている
- ✓ 皮が黄金色で、しっかり乾き、ツヤがある
- ✓ 根の部分が小さく、伸びていない

自炊基本のキ

大根

おいしい時期
11～3月

保存法
葉のついている茎の部分を落とし、ラップか新聞紙に包んで、野菜室で保存。

- ☑ まっすぐ伸びて太く、ずっしりと重いもの
- ☑ 表面がなめらかで、張りとつやがある
- ☑ ひげ根がなく、ひげ根の跡もできるだけ少なく、縦の同一ラインにあるもの
- ☑ 切ってあるものなら、切り口がみずみずしく、白い線（す）が入っていないもの

キャベツ

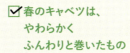

おいしい時期
春：3～5月　冬：1～3月

保存法
新聞紙かラップに包み、野菜室に保存。すぐに使わないときは、芯をくり抜き、ぬらしたペーパータオルを丸めて詰めておくとよい。

- ☑ 春のキャベツは、やわらかくふんわりと巻いたもの
- ☑ 冬のキャベツは、葉の巻きがかたく、同じサイズならより重いものを
- ☑ 芯の切り口が小さく、みずみずしい緑の外葉がついている

レタス

おいしい時期
4～9月

保存法
ラップに包み、野菜室に保存。すぐに鮮度が落ちるので、できるだけ早く食べきる。

- ☑ 葉がみずみずしく、緑色が濃い
- ☑ 巻きがふんわりしていて、持ったときに軽い
- ☑ 芯の切り口が大きすぎず、変色していない

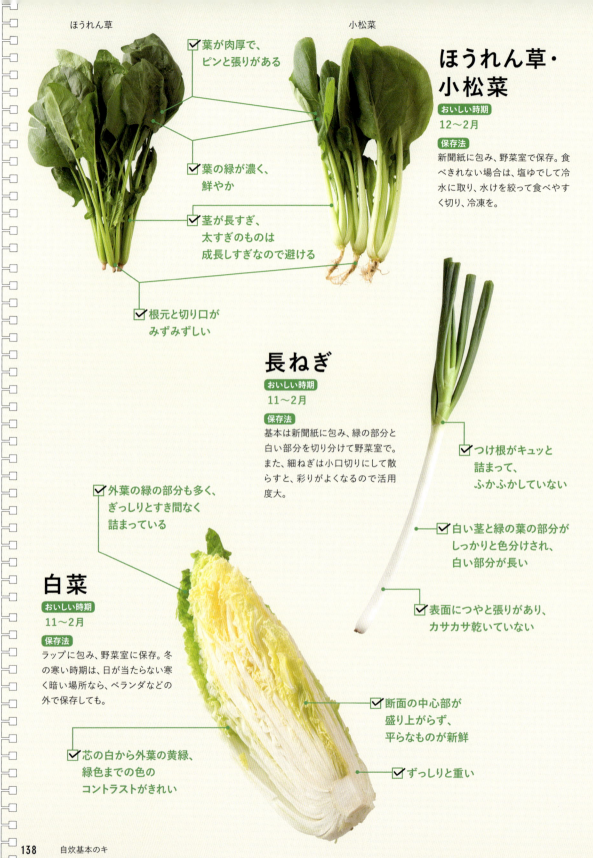

ほうれん草

小松菜

- ☑ 葉が肉厚で、ピンと張りがある
- ☑ 葉の緑が濃く、鮮やか
- ☑ 茎が長すぎ、太すぎのものは成長しすぎなので避ける
- ☑ 根元と切り口がみずみずしい

ほうれん草・小松菜

おいしい時期
12〜2月

保存法
新聞紙に包み、野菜室で保存。食べきれない場合は、塩ゆでして冷水に取り、水けを絞って食べやすく切り、冷凍を。

長ねぎ

おいしい時期
11〜2月

保存法
基本は新聞紙に包み、緑の部分と白い部分を切り分けて野菜室で。また、細ねぎは小口切りにして散らすと、彩りがよくなるので活用度大。

- ☑ つけ根がキュッと詰まって、ふかふかしていない
- ☑ 白い茎と緑の葉の部分がしっかりと色分けされ、白い部分が長い
- ☑ 表面につやと張りがあり、カサカサ乾いていない

白菜

おいしい時期
11〜2月

保存法
ラップに包み、野菜室に保存。冬の寒い時期は、日が当たらない寒く暗い場所なら、ベランダなどの外で保存しても。

- ☑ 外葉の緑の部分も多く、ぎっしりとすき間なく詰まっている
- ☑ 芯の白から外葉の黄緑、緑色までの色のコントラストがきれい
- ☑ 断面の中心部が盛り上がらず、平らなものが新鮮
- ☑ ずっしりと重い

グリーンアスパラガス

おいしい時期
5～6月

保存法
穂先が傷まないようにポリ袋に入れ、野菜室で立てて保存。鮮度落ちが早いので、すぐに食べられない場合は、さっとゆでて冷凍保存を。

- ☑ 穂先が開いていない
- ☑ 緑が鮮やかで濃く、茎がピンとまっすぐ
- ☑ 根元の切り口がみずみずしい

セロリ

おいしい時期
11～5月

保存法
葉が茎の栄養を吸い上げてしまうので、葉と茎を分けて保存する。それぞれラップに包んで野菜室で保存。

- ☑ 葉が新鮮でみずみずしくて、黄ばんだりしていない
- ☑ 茎の部分に厚みがあって内側に巻いていて、かたく張りがある
- ☑ 茎の部分が長く、白っぽい色で筋が目立たない

ブロッコリー

おいしい時期
11～3月

保存法
ポリ袋に入れて立てて野菜室で保存。鮮度落ちが早いので、すぐに食べられない場合は、さっとゆでて冷凍保存を。

- ☑ 房がかたく密集している
- ☑ 緑色が濃く、つぼみの粒がきゅっと締まっている
- ☑ 茎と切り口がしっかりして、みずみずしい

きのこ類

おいしい時期
9～11月

保存法
買ってきたパックのまま野菜室で保存。食べきれないときは、小房にほぐして保存袋に入れて冷蔵または冷凍を。

- ☑ 肉厚でかさの部分が濃い茶色
- ☑ かさが開きすぎていない
- ☑ かさの裏側が変色していない

しいたけ

- ☑ 小さめのかさが密集している
- ☑ 軸はふっくらと短め

しめじ

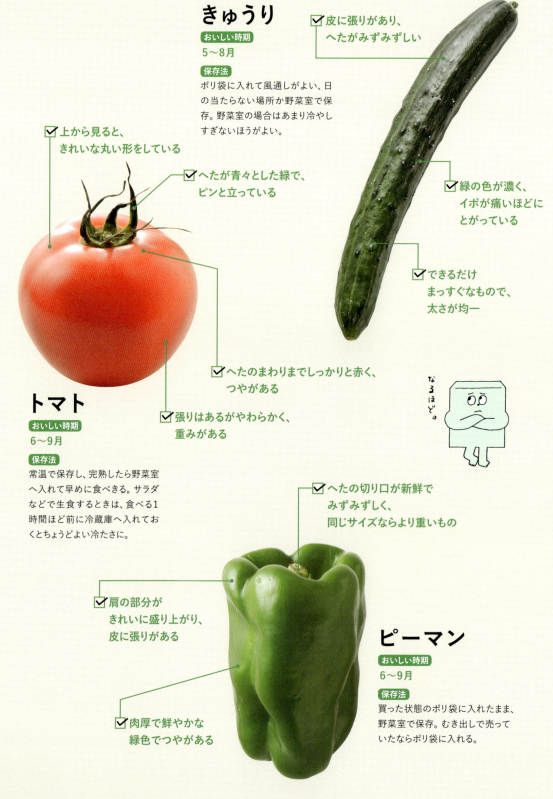

材料別　料理 INDEX

肉・肉の加工品

●牛肉
韓国風ちょいぜいたくなプルコギ丼 …………… 101

●豚肉
こっくり豚キャベみそ炒め ………………………… 26
ご飯が進む豚肉のテリテリ照り焼き ……………… 32
ゴロゴロ野菜の豚汁 ………………………………… 88
なんちゃってレンチン肉野菜炒め ………………… 52
のりの香りが食欲をそそる豚こまのりうどん …… 106
ひとりピリ辛キムチ鍋 ……………………………… 82
豚こま切れのビッグなみそしょうが焼き ………… 28
豚こまとトマトのやみつきスタミナ炒め ………… 24
豚しゃぶのしょうがみそあえ ……………………… 74
豚肉とキャベツのあっという間のポン酢しょうゆ炒め … 18
豚肉としめじのふわふわマヨ卵炒め ……………… 20
豚肉と白菜のだんだん重ね蒸し トマポン酢 …… 40
豚肉とミニトマトのカフェ風ご飯 ………………… 98
豚肉のコクがうまし中華風肉豆腐 ………………… 43
ロール状のくるくる豚と大根の甘じょうゆ煮 …… 38

●鶏肉
カリッとチキンソテーのきのこソース …………… 34
相撲部屋にも負けない鶏塩ちゃんこ鍋 …………… 83
鶏肉とキャベツのすっきりポトフ風スープ煮 …… 42
鶏肉と小松菜のごまドレ炒め ……………………… 118
鶏肉とじゃがいものグラタン風レンチンマヨ蒸し … 46
鶏肉ともやしのシャキシャキ塩炒め ……………… 23
鶏肉のBBQソースっぽいソテー …………………… 30
ふわとろ鶏肉と卵の親子煮 ………………………… 53

●ひき肉
キーマ風カレーを極める …………………………… 48
サンラータン風ちょいすっぱ辛い中華スープ …… 89
とろみが絶妙 ご飯が呼んでるそぼろ肉豆腐 …… 36
見た目も味も本格的なシューマイ ………………… 54
レタスのパラリンそぼろケチャップソース炒め … 22

●肉の加工品
アボカドチキンの魅せサラダ ……………………… 112
おなかが鳴ったらハムとブロッコリーのクリームリゾット
……………………………………………………… 56
おフランスの香りのラタトゥイユ ………………… 86
から揚げのさっぱりみぞれ鍋 ……………………… 114
から揚げのピリリと辛いキムチ炒め ……………… 114
カリカリベーコンとトマトのフライパンで煮パスタ
……………………………………………………… 109
元気な赤い色のミネストローネ …………………… 88
ソーセージエッグ …………………………………… 68
ソーセージのカレーガーリック焼き ……………… 80
チキンといちごのさわやかヨーグルトサラダ …… 112
もやしとレタスのベーコン入り中華スープ ……… 59

魚介・魚介の加工品

●魚介
あさりとアスパラのマイルドクリームスープ …… 58
あさりとセロリの白ワイン蒸し …………………… 78
さけともやしの蒸しもの マヨめんつゆかけ …… 44
刺身パックの海鮮丼 ………………………………… 97
バターが香るさけときのこのレンチン蒸し ……… 55
まぐろの柚子こしょう漬け ………………………… 74

●魚介の加工品
かにかまとわかめのサラダうどん ………………… 103
キムチツナうどん …………………………………… 103
さけフレークときゅうりの卵かけご飯 …………… 91
さば缶おろしうどん ………………………………… 102
さば缶と梅干しのあっという間の雑炊 …………… 57
さばのみそ煮のクリームチーズあえ ……………… 76
ししゃもの塩昆布マヨネーズ ……………………… 74
じゃこにらだれやっこ ……………………………… 66
ちくわとピーマン、玉ねぎのチャチャッと炒め丼 … 99
ツナのトマトスープかけご飯 ……………………… 57
ツナレタス丼 ………………………………………… 97
明太子とおろしにんじんのせやっこ ……………… 66

野菜・果物

●アボカド
アボカドツナディップ ……………………………… 78

●かぶ
かぶのおろししょうがナムル ……………………… 72

●きのこ
カリッとチキンソテーのきのこソース …………… 34
きのこの炒めマリネ ………………………………… 119
バターが香るさけときのこのレンチン蒸し ……… 55
豚肉としめじのふわふわマヨ卵炒め ……………… 20

141

まいたけのレモンマスタードあえ …………… 78

● キャベツ
いちばん簡単なレンジ蒸し野菜 ……………… 84
キャベツの浅漬け ……………………………… 87
こっくり豚キャベみそ炒め …………………… 26
じゃこのガーリックあえ ……………………… 61
中華風スープ …………………………………… 60
鶏肉とキャベツのすっきりポトフ風スープ煮 … 42
ナポリタンあえ ………………………………… 61
豚肉とキャベツのあっという間のポン酢しょうゆ炒め … 18
ポトフ風スープ ………………………………… 60

● きゅうり
きゅうりと塩昆布の浅漬け …………………… 87
きゅうりのヨーグルトあえ …………………… 72

● グリーンアスパラガス
あさりとアスパラのマイルドクリームスープ … 58
焼きアスパラのレモン炒め …………………… 72

● 小松菜
小松菜の梅のりあえ …………………………… 70
小松菜のピリ辛スープ ………………………… 63
鶏肉と小松菜のごまドレ炒め ………………… 118

● さやいんげん
いんげんのオイルゆで ………………………… 72

● じゃがいも
粗つぶしポタージュ …………………………… 62
いちばん簡単なレンジ蒸し野菜 ……………… 84
コンソメポテト ………………………………… 62
鶏肉とじゃがいものグラタン風レンチンマヨ蒸し … 46
レンジで作る人気のポテサラ ………………… 119

● セロリ
あさりとセロリの白ワイン蒸し ……………… 78

● 大根
大根の甘酢漬け ………………………………… 87
大根のみそチーズサンド ……………………… 70
ロール状のくるくる豚と大根の甘じょうゆ煮 … 38

● 玉ねぎ
キーマ風カレーを極める ……………………… 48

● トマト・ミニトマト
テクニック不要のオープンオムレツ ………… 85
豚こまとトマトのやみつきスタミナ炒め …… 24

● なす
なすのレモンマリネ …………………………… 70

● にんじん
いちばん簡単なレンジ蒸し野菜 ……………… 84
オレンジ風味のキャロットラペ ……………… 78
キーマ風カレーを極める ……………………… 48
にんじんのしょうゆ漬け ……………………… 87

● 白菜
白菜のごまドレコールスローサラダ ………… 118
豚肉と白菜のだんだん重ね蒸し トマポン酢 … 40

● ピーマン
ピーマンと塩昆布のさっとあえ ……………… 70

● ブロッコリー
いちばん簡単なレンジ蒸し野菜 ……………… 84
おなかが鳴ったらハムとブロッコリーのクリームリゾット
………………………………………………… 56
クリームスープ ………………………………… 64
じゃこマヨあえ ………………………………… 64

● ほうれん草
ほうれん草のレンジおひたし ………………… 63

● もやし
さけともやしの蒸しもの マヨめんつゆかけ … 44
鶏肉ともやしのシャキシャキ塩炒め ………… 23
もやしとレタスのベーコン入り中華スープ … 59

● 野菜ミックス
おフランスの香りのラタトゥイユ …………… 86
元気な赤い色のミネストローネ ……………… 88
ゴロゴロ野菜の豚汁 …………………………… 88
サンラータン風ちょいすっぱ辛い中華スープ … 89
相撲部屋にも負けない鶏塩ちゃんこ鍋 ……… 83
なんちゃってレンチン肉野菜炒め …………… 52
ひとりピリ辛キムチ鍋 ………………………… 82

● レタス
もやしとレタスのベーコン入り中華スープ … 59
レタスのパラリンそぼろケチャップソース炒め … 22

● 果物
キウイラッシー ………………………………… 110
バナナのフローズンヨーグルト ……………… 111
ブルーベリーシェイク ………………………… 110
焼きバナナの赤ワイン風味 …………………… 80
りんごと紅茶のシャーベット ………………… 111

卵・乳製品

●卵
味つけ卵	93
おかかバターの卵かけご飯	90
簡単カルボナーラ風うどんdeパスタ	104
キムチ卵黄	68
さけフレークときゅうりの卵かけご飯	91
ソーセージエッグ	68
テクニック不要のオープンオムレツ	85
トマトと卵の炒めもの	68
ドレスアップゆで卵	68
納豆チーズの卵かけご飯	91
なめたけねぎラー油の卵かけご飯	91
豚肉としめじのふわふわマヨ卵炒め	20
ふわとろ鶏肉と卵の親子煮	53
目玉焼き	94
ゆで卵	92
レンチンタラモご飯とろ卵のせ	100

●乳製品
カマンベールの生ハム巻き	80
さばのみそ煮のクリームチーズあえ	76
チーズせんべい	80

豆腐・大豆加工品

●豆腐
じゃこにらだれやっこ	66
Wねぎ油のくずしやっこ	66
とろみが絶妙 ご飯が呼んでるそぼろ肉豆腐	36
納豆、揚げ玉やっこ	66
梅肉豆腐丼	96
豚肉のコクがうまし中華風肉豆腐	43
明太子とおろしにんじんのせやっこ	66

●大豆加工品
厚揚げのしょうがじょうゆ炒め	76
油揚げときゅうりのごま酢あえ	76
油揚げとなめこのカレーうどん	50
納豆、揚げ玉やっこ	66
納豆温玉ぶっかけうどん	102
納豆チーズの卵かけご飯	91
納豆のお焼き	76

ご飯・めん・パン

●ご飯
おかかバターの卵かけご飯	90
おなかが鳴ったらハムとブロッコリーのクリームリゾット	56
韓国風ちょいぜいたくなプルコギ丼	101
キムトマ丼	96
さけフレークときゅうりの卵かけご飯	91
刺身パックの海鮮丼	97
さば缶と梅干しのあっという間の雑炊	57
ちくわとピーマン、玉ねぎのチャチャッと炒め丼	99
ツナのトマトスープかけご飯	57
ツナレタス丼	97
納豆チーズの卵かけご飯	91
なめたけねぎラー油の卵かけご飯	91
梅肉豆腐丼	96
豚肉とミニトマトのカフェ風ご飯	98
レンチンタラモご飯とろ卵のせ	100

●うどん・パスタ
油揚げとなめこのカレーうどん	50
かにかまとわかめのサラダうどん	103
カリカリベーコンとトマトのフライパンで煮パスタ	109
簡単カルボナーラ風うどんdeパスタ	104
キムチツナうどん	103
さば缶おろしうどん	102
トマトと塩昆布のさわやかスープうどん	105
納豆温玉ぶっかけうどん	102
のりの香りが食欲をそそる豚こまのりうどん	106
明太クリーミーマヨのあえるだけパスタ	108
焼き油揚げとたっぷりねぎうどん	107

●パン
ごぼうのファイバーサンドイッチ	117

●その他
キムチツナうどん	103
キムチ卵黄	68
キムトマ丼	96
ごぼうとポテトのチーズ炒め	117
ごぼうのファイバーサンドイッチ	117
こんにゃくのキムチ炒め	75
ハッシュドポテト風	116
ひとりピリ辛キムチ鍋	82
ポテサラのタルタル風	116

調理指導・監修

武蔵裕子(p.10〜16監修／18〜21、30〜33、38〜39、42〜43、46〜47、96〜109／122〜127、130〜131監修)

きじまりゅうた(p.22〜29、34〜37、40〜41、44〜45、52〜64、118〜119)

マツーラユタカ(つむぎや)(p.48〜50、66〜81、112〜117)

平岡淳子(p.82〜94、110〜111／132〜140監修)

STAFF

デザイン	木村由香利(NILSON design studio)
撮影	千葉 充(p.10〜16、18〜21、30〜33、38〜39、42〜43、46〜50、68〜81、112〜117、122〜127、136〜140)
	柿崎真子(p.22〜29、34〜37、40〜41、44〜45、52〜64、118〜119)
	田中宏幸(p.82〜94、110〜111、132〜138)
スタイリング	中村弘子(p.18〜81、96〜109、112〜119)
編集	内山美恵子
イラスト	松岡マサタカ
校正	かんがり舎
DTP制作	天龍社

超簡単なので自炊やってみた。

2018年2月13日　第1版発行
2019年2月 1 日　第7版発行

編　者	自炊研究会
発行者	髙杉 昇
発行所	一般社団法人 家の光協会
	〒162-8448 東京都新宿区市谷船河原町11
	電話 03-3266-9029(販売)
	03-3266-9028(編集)
	振替 00150-1-4724
印刷・製本	図書印刷株式会社

乱丁・落丁本はお取り替えいたします。
定価はカバーに表示してあります。
©IE-NO-HIKARI Asociation 2018 Printed in Japan
ISBN 978-4-259-56567-1 C0077